アフター・シャープパワー

米中新冷戦の幕開け

AFTER SHARP POWER

小原凡司・桒原響子

東洋経済新報社

はじめに

本書は、米国から中国のシャープパワーが排除された後の米中関係の構図を明らかにし、日本がこの状況にいかに対応すべきかを考察するものである。

今日の国際社会は、ますます流動性を増している。米ソ冷戦終了後、世界を二分して対立する構造は消滅し、米国が主導する国際社会に対する主たる脅威は、国際社会の枠組みからはみ出したテロリストと認識されるようになった。しかし、中国が台頭し、米国が中国に対して警戒心を高めると、米中二大国による国際社会分割の動きが見えはじめた。

現在の国際社会は、冷戦期のそれとは比べ物にならないほど複雑化している。そのため、各国や各地域は、自らにとって有利な枠組みを模索して活発に動きはじめたのである。

ただし、米中が対立するといっても、現段階では、双方ともに戦争を望んでいるわけではない。それゆえ両国は、戦争に至らない範囲で、利用できる全ての手段を用いて優位に交渉を進めようとする。これが、事態を一層複雑にしている。

まず中国は、米国が中国に対して敵対的にならないよう、さまざまな手段を用いて米国の世論に働きかけてきた。米国が、中国の対米世論工作を警戒し、これをシャープパワーとして排除しはじめると、米中の攻防の場は拡大しはじめ、より複雑に国際社会に影響を及ぼしつつある。

私たちは、種々の機会に、「米中新冷戦が構造化されつつあり、日本を取り巻く安全保障環境が大きく変化しようとしている」と主張してきた。しかし、新冷戦という言葉については議論もある。また、米中新冷戦という言葉は、メディアで使用されるようになったにもかかわらず、その意義が十分に理解されていないようにも思われる。

米中が冷戦構造にあるとの認識に立つためには、まず、冷戦が何かを理解しなければならない。冷戦とは、「直接的に武力を用いず、経済・外交・情報などを手段として行う国際的対立抗争」をいう。双方が軍事衝突を避けつつ、自らの優勢を獲得しようとする行動の相互作用が冷戦だともいえる。双方とも実際に戦争はしたくないから冷戦は起こるのだ。

経済や軍事を含む全ての領域において、政治体制間の競争がバランスして固定されれば、冷戦ともいえる構造が出現する。米国は、市場原理ではなく政治的理由により、法律を用いて中国製品を市場から排除しようと動き出した。しかし、この構造を「冷戦」という言葉を用いて表現することによって、まだ冷戦構造が固まっていないにもかかわらず、本当に冷戦を起こしてしまうという考えもある。自己予言的であるということだ。

それでも、本書が米中新冷戦という呼称を使うのは、米中間に冷戦構造の特徴が見えはじめているからであり、そのことに警鐘を鳴らす必要があると考えるからでもある。その特徴の一つが、政治体制間の競争である。

権威主義国家では、統治者を監視し審判を下す仕組みがない。そのため、中国企業は、中国共産党指導部の要求に従わざるを得ない。米国がこれを許せないとすれば、米中関係は単なる経済対立ではなく、政治体制間の対立ということになる。これがまさに、今日の米中間の対立が「米中新冷戦」ともいわれる理由の一つなのである。

また、国際政治学においては、冷戦には三つの定義があるともされる。一つ目は、イデオロギーや価値観が根本的に違うということ、二つ目が、軍拡競争が継続すること、三つ目が、世界の覇権を争うこと、であるという。米中関係は、まさにこの三つの定義が当てはまる状態になろうとしているのではないか。

米国は、この冷戦をしかけたのは中国側であると認識している。米国との戦争に勝利できないことを理解する中国は、米国との軍事衝突を回避するために他の手段を用いてきた。米国高官がいう「衝突に持ち込むことなく自分の立場に関連したライバルの座を揺るがす国家」という表現がそれを示している。あらゆる手段で正当な影響力と不当な影響力を行使することの一部に、シャープパワーを用いた中国の公共外交、つまりはパブリック・ディプロマシーが含まれるのである。
米国では中国のシャープパワーが排除され、中国に対する対決姿勢が露わになりつつあり、中国がこれに対抗している。本書では、中国のシャープパワーを用いたパブリック・ディプロマシーが排除された後の米中関係がどのようなものになるのか、そして、日本はそのなかでどのように行動していくべきかを考察してみたい。

二〇一九年一〇月

小原凡司・桒原響子

目次

第2章 中国のシャープパワーの排除

第3章 5Gで世界の覇権を狙う

第4章 米中新冷戦の幕開け

第5章

米中の軍拡競争がはじまるのか

第6章 構造化する米中新冷戦

第7章

米中新冷戦のなかで日本が進むべき道

第1章

米国が恐れる新たな世界秩序

1 米国の親中派を増やす世論工作

相手国の世論を味方につける外交手法

昨今、国際社会では、従来の政府対政府の外交ではなく、相手国の世論に対して自国のソフトパワーを展開し、政府の政策広報や文化交流、国際放送などといった方途をもって直接働きかける外交手法の重要性が注目されており、頻繁に用いられている。

この外交手法を、パブリック・ディプロマシー（公共外交）と呼ぶ。**パブリック・ディプロマシーを展開することで、自国に対する好感や信頼感を醸成し、相手国の世論を味方につけ、外交関係においても自国の利益に資するような環境づくりを行うのだ。**この外交手法は主に米国で発展し、今日では多くの国々がこれを採用し、多種多様な方途で対象国の世論への働きかけを行っている。

日本においては二〇〇四年度にはじめて外務省内にパブリック・ディプロマシー関連組織である広報文化交流部が新設され、二〇一五年度に、より強固なパブリック・ディプロマシー戦略を打ち出すべく、従来の関連予算を五〇〇億円も増額するなど、比較的最近になってから発展してきたのである。

そうしたなか、**中国は、日本がその重要性について着目するかなり以前から政治、経済、文化など、あらゆる分野において活発にパブリック・ディプロマシーを展開してきた。**これまで中国は、「中国は近づきやすく、美しい国である」という「中国文化」としてのイメージづくりに重きを置いたパブリック・ディプロマシーを展開してきており、共産主義の理念や体制に対する理解の促進やプロパガンダ的な宣伝はあまりしてこなかったともいわれる。

二一世紀に入ると、中国は、急速な経済発展とともに、米国をはじめ、国際社会におけるプレゼンスを格段に高めていくこととなった。こうした背景もあり、中国の戦略目標は、大国としてのイメージ強化をはじめ、経済・ビジネス面での中国市場拡大、そして外交関係構築などへと移っていったのである。

その中国が長年のパブリック・ディプロマシーのターゲットとして重視してきたのは、米国である。中国は、パブリック・ディプロマシーが米国内の世論形成に大きな役割を持っているとの考え方に立ち、米国を対象国として力を入れてきた。特に、米国世論に働きかけるためにはあらゆる道具立てが必要だとの認識を中国は持っており、さまざまな手法で世論にアプローチしてきた。

タイムズ・スクエアに新華社のロゴ

各国の伝統的メディアが縮小傾向にあるなか、それとは対照的に中国メディアが力を強め世界に進出してきた。

ＣＲＩ（中国国際放送局）は、一九九〇年初頭からワシントンなどの都市において放送枠を買い、英語ラジオ番組の放送に励んできた。天安門事件による対中イメージ悪化が背景にある。二〇〇九年にはテキサス州のラジオ局ＫＧＢＣと契約を結び、ＣＲＩのラジオ番組が二四時間全米で流されるようになった。

この頃、新華社（中国国営新華社通信）も、自社のニュースチャンネルを整備し、英語で放送を開始した。**二〇一〇年七月より、北京の本社から二四時間、英語による「ＣＮＣワールド」という国際テレビ放送を開始し、五年足らずで世界の一〇〇カ国以上をカバーするなど、凄まじい進出を果たしてきた。**二〇一六年を契機に『ニューヨーク・タイムズ』も新華社発のニュースを使用する回数を増加させていた。

二〇一一年には、ニューヨークのタイムズ・スクエアの巨大スクリーンで、新華社のロゴマークやイメージ動画が、合計で八〇〇〇回以上流された。同年五月には、タイムズ・スクエアに新華社の北米本部が開設され、「CNCワールド」の放送も行っている。さらに、世界の主要メディアが揃うマンハッタン中心部の四四階建ての高層ビルの最上階のワンフロアを丸ごと借り、北米総分社と位置付けた。こうすることで、「一流メディア」としてのイメージ戦略を展開する狙いがあったともいわれる。

2011年8月2日、ニューヨークのタイムズ・スクエアの巨大スクリーンに流れる新華社のロゴマーク。EPA＝時事

新華社は、二〇一〇年までに全米の拠点を七カ所に増やした。現在は国内外の二三〇以上の支局に四〇〇〇人以上の記者を保有するまでとなった。

この他にも中国は、CCTVアメリカ（中国中央電視台米国）を発足させ、チャイナ・デイリー社が発行する『チャイナ・ウォッチ』の広報活動を行うなど、メディアを通じた対米パブリック・デ

イプロマシーに多大な努力を払ってきた。

特に二〇一二年に米国に開局したCCTVアメリカは、演出戦略が卓越しているといわれる。多くの米国人のお茶の間に自然に入るべく、ニュースキャスターには米国のトップキャスターなどメディア関係者を人選したり、番組を多言語化したりするなど、多様な演出の工夫を凝らしてきた。番組構成は一見すると、とても中国メディアによるものとは見えず、米国のニュース番組であるかのような印象を視聴者に与えるようになっているのだ。

さらに中国は、中国語や中国文学の輸出機関としての孔子学院、パンダ外交、メトロポリタン・オペラでの中国を舞台とした巨大オペラの上演など、自国のイメージ向上に努力し、米国メディアや議会への働きかけも強化してきている。

中国共産党が司令塔

こうした中国のパブリック・ディプロマシーは、中国共産党中央委員会が司令塔となり、大々的に行われてきた。中国共産党中央の職能組織である中央宣伝部が国務院新聞弁公室にメディア展開などの実務を行わせているとされる。新聞弁公室は党内では中央対外宣伝弁公室という名称を有している。同じ組織が国と党の二つの看板を掲げているのだ。ただ、同じ中国共産党中央の職能組織である中央統一戦線工作部が、国内外の華人に統一戦線を組ませるという任務を持ち、特に人的交流にかかわるパブリック・ディプロマシーを指揮しているという。シンクタンク、さらには現地の中国人留学生をも動かし、活発に海外の世論づくりを行い、親中派を増やしてきたのだ。

現在、中国のパブリック・ディプロマシーの現場で主導権を握っているのは、国務院直属機関の新聞弁公室である。中国の新聞、放送、インターネットを統括する長官級の組織で、前述のチャイナ・デイリー社も新聞弁公室直轄機関とされる。明確な指揮系統はないものの、統一戦線工作部が方針を決めて指導し、個々の政策決定を新聞弁公室が行い、在外公館と連携しながら事業を実施していくという側面もあるようだ。統一戦線工作部の権限は拡大されており、在外華人を利用した海外浸透が強化されたと見られているのである。

中国のパブリック・ディプロマシーは、こと日本に対する反発において、米国に居住する中国系米国人が果たす役割が大きい。たとえば、在米中国系団体の抗日連合会（世界抗日戦争史実維護連合会）は米国各地で影響力を持っており、二〇〇七年の慰安婦問題に関する対日謝罪要求決議ともいわれる「米国下院一二一号決議」（対日非難決議）を米国下院で採択させるのに一定の役割を果たしたことでも知られる。

また、在米韓国系団体と協力する動きも見せ、全米各地での慰安婦碑・像の設置活動も

2017年9月22日、サンフランシスコの中華街にあるセント・メリーズ公園に設置された慰安婦像。
Avalon／時事通信フォト

行っている。二〇一五年八月一五日の戦後七〇年記念日に、カリフォルニア州のサンフランシスコにある全米最大の中華街に、日本との戦争の歴史を象徴する「抗日戦争記念館」を開館させた。

さらに、二〇一七年九月には、サンフランシスコの中華街にあるセント・メリーズ公園に慰安婦像が設置された。除幕式には、駐サンフランシスコ中国総領事をはじめ、「対日非難決議」の採択に役割を果たしたマイク・ホンダ前下院議員らが出席していた。慰安婦像設置にあたっては、現地の中国系米国人団体であるCWJC（慰安婦正義連合）が主導し、韓国系団体らも協力したとされる。この一件が原因となって、翌年一〇月、大阪市とサンフランシスコ市の六〇年以上続いた姉妹都市関係が解消された。

　このように、**中国のパブリック・ディプロマシーは、中国共産党一党統治の権威主義的体制の下、人員や財源といった豊富な資源を自在に操ってきた。**これは、紛れもない、中国パブリック・ディプロマシーの強みであるともいえる。米国の議会議員や大企業に働きかけるべく、多額の予算を投じ、ロビー活動や英語での放送、中国語教育などを行うことで、米国における親中派を増やしてきた。

民主主義の目にはフェアに映らない

　しかし、**最近ではこうした中国の働きかけに疑問符が付きはじめ、中国はソフトパワーではなく、シャープパワーを行使しているとして、注視、警戒されるようになってきた。**中国は長年、世界中、特に米国における自国のプレゼンス拡大やイメージ向上を画策してきた。今日になってシャープパワーと批判され出したものの中国の対外宣伝戦略の中身はかつての形式や形態と何ら変わりない。これが、中国のパブリック・ディプロマシーの特徴であろう。

　しかし、中国がメディアや文化・教育といった分野で純粋なパブリック・ディプロマシーを強化しても、それが相手国からシャープパワーを行使していると受け取られては、せっかくのパブリック・ディプロマシー戦略も効果を発揮できない。また、中国自身の対外政策が、実際のパブリック・ディプロマシーの内容と乖離していては、パブリック・ディプロマシー戦略も効力を持たない。

シャープパワーで議論されるところの、「権威主義国家」がソフトパワー外交を展開する場合、それが「民主主義国家」にとってのフェアな外交ではなく、民主主義国家の目には「シャープ」、つまり鋭く切り込むような手法を用いたパブリック・ディプロマシーを行使しているかのように映る。

こうした考えに基づけば、中国がいくらソフトパワーをもってパブリック・ディプロマシーを展開したとしても、米国にとってはそれがパブリック・ディプロマシーと理解されず、「プロパガンダ」や「世論工作」などと受け止められるということにもなる。米国は、中国の行使する民主主義の脆弱性を衝くパワーによって、米国世論が中国に親和的になることを恐れているともいえるのだ。

2 NDS二〇一八の最優先課題

ホワイトハウスが策定する最上位の戦略文書

米国は、中国のシャープパワーを排除しながら、対中強硬姿勢を固めてきた。米国の公式の意図として注目すべきは戦略文書であろう。米国には、多くの戦略文書が存在する。二〇一七年一二月一八日、米国ドナルド・トランプ政権はNSS（国家安全保障戦略）を発表した。NSSは、一九八六年に制定されたゴールドウォーター・ニコルズ法で、安全保障戦略に関する年次報告書を議会に提出すると定められたことに基づいて策定されている。クリントン政権までは原則として毎年、ジョージ・W・ブッシュ政権以降は四年に一度、すなわち各政権につき一度策定されている。

NSSは、ホワイトハウスが策定する最上位の戦略文書で、その内容で特徴的なのは、「大国間の競争が復活した」という国際情勢認識に基づいていることである。冷戦後の米国はテロリズムに対する戦いを掲げてきたが、改めて国家間の対立に焦点をあわせた格好だ。その主要な理由は、中国の台頭だと考えられる。その上で、米国は強さを取り戻さねばならず、その強さを通じて平和を確保するとしたのだ。

米国には、NSSに加え、統合参謀本部議長が策定するNMS（国家軍事戦略）、二〇〇六年と二〇〇八年に国防長官が策定し、二〇一八年一月一九日にはマティス国防長官が発表したNDS（国家防衛戦略）、一九九二年、二〇〇二年、二〇一〇年に策定され、二〇一八年二月二日にトランプ政権が公表した、米国の核戦略や核戦力態勢を定める文書NPR（核態勢見直し）などがある。

さらに、一九九七年、二〇〇一年、二〇〇六年、二〇一〇年、二〇一四年に策定されたQDR、オバマ政権発足時に策定されたBMDR（弾道ミサイル防衛見直し）、QDDR（四年次外交・開発政策見直し）、CPR（サイバー政策見直し）、SPR（宇宙態勢見直し）などがある。

米国の国家安全保障の優先課題は大国間の競争

これらは、それぞれに異なる法的根拠や政治的動機によって策定されるものであり、体系化された文書群ではないが、最近の戦略文書を時系列で見ていくと、米国の認識も透けて見える。

NDSは今後数年間の優先課題を設定するものであるが、二〇一八年一月に発表されたNDSは、「中国やロシアとの競争」を戦略の中核に据えることを明らかにした。中国とロシアを、自国の権威主義モデルに沿った世界の構築を目指す「修正主義国家」と呼び、両国の挑戦に対抗する米国の決意を示したのである。

マティス国防長官はNDS二〇一八の発表にあたり**「我々はテロリストとの戦いを遂行し続けるが、現在の米国の国家安全保障の優先課題はテロリズムではなく、大国間の競争だ」**と語っている。ここに挙げられた優先課題は、米国のこれからの国防予算要求に反映されることになる。NDSは、中国に過度に配慮したオバマ政権の八年間、発表されることがなかった。トランプ政権になって、米国は中国やロシアに対する態度を変えたのである。

NDS二〇一八は、特に中国を意識している。この文書は、「中国は戦略的競争相手である」と名指しし、「中国は、軍事の近代化、影響作戦、略奪的な経済を使い、近隣諸国を脅し、南シナ海における軍事化を推進している。また、インド太平洋地域の秩序を自分に都合の良いように再編している」と、中国に対する警戒感を露わにしているのである。

そして、二〇一八年二月二日、トランプ政権は、米国の核戦略や核戦力態勢を定める

ＮＰＲを八年ぶりに公表した。ＮＰＲ二〇一八の冒頭では安全保障環境が過去八年間でいかに不確実化しているかが述べられ、ここでも核問題の焦点が「中国およびロシアとの大国間競争に回帰している」との認識が強調されている。

ＮＳＳ二〇一七およびＮＤＳ二〇一八でも「大国間競争」という表現が用いられていることは、ワシントンの安全保障コミュニティにおいて、中ロの行動こそが対応すべき課題であるというコンセンサスが形成されつつあることを反映したものだ。

ＮＰＲにおける中ロの脅威評価は、**①戦略核・非戦略核戦力の増強（非戦略核は戦域・戦術核兵器を意味する）、②核戦力増強を背景とした米国陣営の通常戦力優位への挑戦（宇宙、サイバー、Ａ２／ＡＤ（接近阻止・領域拒否）能力などを含む）、③力による現状変更と国際秩序への挑戦**、といったものであるとされている。

こうした脅威評価が、ＮＰＲという戦略文書のなかで整理されたことが重要である。ここでは、核兵器の作用が、核戦争の領域にとどまらず、通常兵力を用いた戦争の領域や紛争に至る以前のグレーゾーンの領域においても影響を及ぼすことが繰り返し強調されていることにも注目すべきだ。核抑止のルールが変わろうとしているという米国の認識を示唆するものだからである。

ＮＰＲの考え方は、米国のＩＮＦ（中距離核戦力）全廃条約離脱にも反映されただろう。

米国は、米ロ二カ国の間の取り決めである既存のＩＮＦ全廃条約では、現在の国際社会における核兵器の状況に対応できないと考えたのだ。その背景にあるのは、米ロ間の取り決めの枠組みの外で、自由に中距離弾道ミサイルやそれを応用した兵器を開発する中国の台頭である。

米国の危機感を高める中国の軍事力増強

中国は、二〇一五年九月に実施した軍事パレードにＤＦ‒21ＤやＤＦ‒26といった対艦弾道ミサイルを参加させて、米海軍艦隊の中国本土接近を拒否する能力を誇示した。さらに二〇一九年一〇月一日の建国七〇周年を祝賀する軍事パレードに、現在のミサイル防衛システムでは迎撃が難しい極超音速兵器のＤＦ‒17を登場させた。これらは、中距離弾道ミサイルあるいは準中距離弾道ミサイルに搭載されて運搬される。こうした中距離弾道ミサイルを用いた米軍の自由な行動を妨害する能力が、米国の警戒心と危機感を高めているのだといえる。

米国防総省は、中国の軍事力に特化した年次報告書も作成している。二〇一九年五月二日、米国防総省は、中国の軍事・安全保障の動向に関する、議会に対する年次報告書を公表した。同報告書は、二〇一八年の中国の国防予算に関し、公式には一七五〇億ドル（約一九兆五〇〇〇億円）規模とされているものの、研究開発費や外国からの兵器購入費などを含めると、実際には二〇〇〇億ドルを突破したと指摘している。そして二〇二二年までには二六〇〇億ドルまで膨張するとの予測も明らかにした。

その上で、中国人民解放軍の戦略的方針の中心は台湾問題であると述べ、中国が「平和的統一」を提唱しながら、台湾に対する武力行使を想定した軍事力の増強を着々と進めていると強調した。

さらに、台湾海峡有事で中国が取り得る軍事行動として、「海上封鎖・航空封鎖」「サイバー攻撃および潜搬入などによる台湾指導部の権威失墜のための工作」「軍事基地および政治中枢に対する限定的な精密爆撃およびミサイル攻撃」「台湾侵攻」などが想定されるとした。その一方で、現段階で中国が台湾に揚陸作戦をしかける兆候は見られず、その可能性は高くないとしている。

これらに加えて、同報告書は、中国による新たな動きとして、中国が北極海航路を「氷上のシルクロード」と位置付け、軍事拠点構築も視野に、北極海での活動を活発化させていると指摘した。戦略原潜を北極海に展開し、米国に対する核抑止を確実なものにしようとしているというのだ。

3 台湾を失う恐怖

二七年ぶりに米戦闘機を台湾に売却

二〇一九年六月一日、米国防総省が「二〇一九年インド太平洋戦略報告書」を発表した。この戦略報告書は、トランプ政権が提唱するアジア政策FOIP（自由で開かれたインド太平洋）構想を具体化したものであるが、そもそもFOIPという概念は、二〇一六年八月にケニアで開かれたTICAD（アフリカ開発会議）で安倍晋三首相が打ち出した外交戦略である。これをトランプ政権が米国の正式の戦略としたのだ。

同戦略報告書は、さらに対中強硬姿勢を強く打ち出している。中国を「修正主義勢力」と位置付け、「国際システムを毀損し、法秩序に基づく価値と原則をむしばむ」と非難しているのだ。その上で、こうした中国に対抗するため、米国が新たに戦闘機一一〇機や駆逐艦一〇隻以上を購入する方針を示した。

同報告書でもう一つ特筆すべきは、米国の台湾防衛の意図を明確にしたことである。米国が台湾について、地域のパートナーシップを強化する四つの「民主主義の国家の一つ」として取り上げたことだと報道されている。同報告書が、「インド太平洋地域の民主主義の社会がある地域に、シンガポール、台湾、ニュージーランド、モンゴルは信頼でき、有能で、米国の自然なパートナーである」「自由で開かれた国際秩序を維持するために積極的に行動を起こしている」と述べたのだ。

さらに、強靱さと繁栄を続ける民主主義の台湾に支持を示し、インド太平洋地域の広範な取り組みの一環として、台湾関係法に基づいて行動するとしている。一方で、中国が台湾に軍事的圧力をかけ、威圧していることに対して、「平和的な再統一を主張しているが、高度な軍事作戦の行使の可能性を排除していない」と、警戒感を示している。

具体的な中国の動きとして、武力による台湾統一の状況が勃発した際、第三国が介入しないよう「圧力、時間稼ぎ、阻止」といった手法で準備しているとした。さらに、台湾への圧力として、中国軍が海峡周辺における軍事演習や軍用機、軍艦の航行を増加させたとも指摘している。

米国は、文書で中国の動きを牽制するだけではない。実際に、台湾に対して武器装備品の供給を活発化させている。二〇一九年七月八日、トランプ政権は、戦車一〇八両と携行式地対空ミサイル二五〇発など総額二二億ドル（約二四〇〇億円）相当の装備品を台湾に売却することを承認し議会に通知したのだ。

売却する戦車は、現在も米国陸軍の主力戦車であるM1A2「エイブラムス」戦車である。M1戦車は、一九八〇年代初頭に制式採用された第3世代の主力戦車であり、設計は古いが、その後改修が行われ、現代戦に対応できるように防御力などが向上している。防空ミサイルは、FIM-92携行式地対空ミサイル「スティンガー」であり、やはり一九八〇年代初頭に制式採用された。

戦車は一両あたり一〇億円と見積もっても一〇八両で一〇八〇億円であり、地対空ミサイルが一発あたり約四〇〇〇万円といわれるので、二五〇発で約一〇〇億円である。そうすると、これら兵器の関連装備品以外にも、多くの武器装備品や役務などが供給されるということだろう。

これらの兵器は、中国が台湾を武力行使によって統一しようとした際に、これに抵抗して、侵入する爆撃機などを攻撃し、上陸部隊と交戦する台湾の能力を大幅に向上させる可能性を中国に認識させるものだ。

さらに、二〇一九年八月には、トランプ政権が台湾への新型戦闘機の売却を承認したことが明らかにされた。売却されるのは、レーダー性能を大幅に向上し、最新型の短距離離空対空ミサイルを搭載可能なF-16V新型戦闘機六六機で、総額は八〇億ドル(約八五〇〇億円）に上る。米国が台湾に戦闘機を売却するのは一九九二年以来二七年ぶりである。

とはいえ、実際の軍事的な効果はさほど高くないかもしれない。これら兵器だけで、中国の軍事的優位を覆すのは難しい。それでも、政治的には中国に対する極めて強いメッセージになっている。米国が台湾防衛に関与するということだからだ。当然、中国は強く反発した。

米国が抱えるディレンマ

米国が、台湾をパートナーであると述べて防衛協力の意思を示すのは、中国の台湾武力統一に危機感を示すからである。中国が台湾を統一すれば、アジア太平洋地域における民主主義陣営の一角が崩れるだけではなく、軍事的にも大きな影響を及ぼす。中国海軍艦艇あるいは航空機が太平洋に入るためには、第一列島線を通過しなければならない。中国が「島の鎖」と表現するように、現在の第一列島線は中国を縛る鎖のようなものである。しかし、中国が台湾を統一すれば、中国海軍の将校が以前、私（小原）に述べたように、中国海軍にとって太平洋への大きな玄関口になる。中国海軍艦艇などが自由に太平洋に出入りできるようになるのだ。

こうした米国の台湾に対する協力は中国の危機感を高めている。**実際の台湾の軍事的能力向上よりも中国が危機感を高める理由は、米国が台湾防衛に積極的にコミットするという政治的メッセージを中国に送っていることだ。**

台湾問題は中国共産党にとって統治の正統性にかかわる問題である。中国共産党が中国の統治をめぐって国民党と戦った国共内戦は完全に勝敗がついたわけではなく、当時の国民党は台湾に入り反攻の機会を窺った。中国共産党にとって、台湾を統一しない限り、中国の統一は完成しないのである。

米国は、中国の執念を理解するからこそ、中国の台湾に対する武力行使に危機感を高める。しかし、米国が本当に恐れるのは、台湾を失うことではないかもしれない。米国は、中国が本当に台湾に武力攻撃をしかけた場合に、中国と戦争するかどうかの選択を迫られることになる。

米国は、少なくともトランプ大統領は、中国と本気で戦争したいわけではない。台湾防衛の意図を示すのは米国にとって対中圧力のなかの一枚のカードであるとしたら、中国が本当に武力行使をした場合にディレンマに陥ることになるのだ。

4 米国は何を恐れているのか

中国にとって公平な世界秩序

中国の活動を抑え込まなければ、米国が主導してきた世界秩序が崩れる可能性があると米国は考える。**米国が何より恐れるのは、中国が主導する世界秩序が形成され、米国の影響力が低下することである。**

米国は、中国は欧米諸国と倫理観を共有できないという。欧米諸国と倫理観を共有できない中国が構築しようとする世界秩序や国際的なルールは、米国にとって受け入れ難いものになるだろう。

一方で、その世界秩序は、「中国にとって」公平なものとなる。本来、公平なルールとは、参加者全てが我慢できる程度の不満を持つものである。誰か一人が完全に満足するルールは、他の参加者にとって不公平だと感じられる。力のある参加者が既存のルールに強い不満を抱いた場合は、そのルールに挑戦することになる。現在の国際社会は、各国が不満を我慢できる状態にあると考えられていたが、実際には、中国は不満を抱え続けてきたのだ。しかし、中国が構築しようとする秩序は、中国だけが満足するものになりかねない。

中国は、現在の国際関係は不公平に満ちているとし、新型国際関係を構築しなければならないと公言してはばからない。そしてその中国が急速な経済発展をとげ、それに伴ってそれ以上の速度で軍事力を増強している。中国が既存の世界秩序に挑戦しようとしていることに対して米国が危機感を高めるのは、当然であるといえる。

中国の挑戦を黙認することはできない

これまで、欧米先進国、特に冷戦後に米国が主導してきた国際社会は、自由、人権および民主主義を標榜してきた。しかし、**中国が国内で行っているとされる人権侵害の様子などを見れば、中国が構築する世界秩序に基づく国際社会は、米国が主張し、広めようとしてきたこれらの価値観とは異なる価値観に基づくものになると予想される。**

中国が米国を凌駕する実力を身につければ、このような国際社会が実現されるかもしれない。米国としては、既存の世界秩序に対する中国の挑戦を黙認することはできないのだ。

また、中国が望む世界秩序は、中国の影響力が世界に及ぶものである。現在の国際的な経済ルールも変わるかもしれない。中国は、自らの経済的利益が確保されるようなルールを望むだろうからだ。

そして、米国の恐れる事態が着々と進行しているように見える。米国が本気で中国を抑え込みにかかりはじめたのは、その危機感の表れなのだ。

米国はまず、自国の議会や社会に、中国の脅威を認識させることから手を付けた。民主主義国では、世論の支持がなければ政策を遂行できないからだ。そのために米国は、民主主義の脆弱性に付け込んで世論工作しようとする中国のシャープパワーを排除しはじめたのである。

第2章

中国のシャープパワーの排除

1　シャープパワーとは何か

権威主義国家による世論操作

シャープパワーという言葉は日本ではあまり馴染みがないかもしれない。この言葉が日本で聞かれるようになったのは、二〇一八年初頭である。二〇一七年一一月に開催されたフォーラムで、米国のシンクタンクＮＥＤ（全米民主主義基金）がこの言葉を用いて中国の活動に警鐘を鳴らして以来、世界的に、シャープパワーを用いる中国の新たなイメージが定着しつつある。

ＮＥＤによれば、シャープパワーとは、権威主義国家が、強制や情報の歪曲、世論操作などの強引な手段を用い、主に民主主義国家の政治環境や情報環境を鋭く「刺す」「貫通する」「穿孔する」ことで、自国の方針をのませようとするものである。

これまで、主に外交・安全保障分野において、ハードパワーやソフトパワーといったあらゆるパワーが国家間で行使されてきたが、シャープパワーは全く新しい概念として誕生したパワーの種類である。

ハーバード大学のジョセフ・ナイ教授によれば、そもそもパワーとは、欲しいものを手に入れるために他者に影響を及ぼす能力のことである。これには大きく分けて、力の源泉である資源によって定義されるパワーと、行動結果によって定義されるパワーの二つの切り口がある。前者は、パワーの源泉のことであり、力の関係の基礎となる素材や手法のことを指す。後者は、行動や技能が前者の望む結果を生み出すかどうかを左右するという考えに基づく。つまり、資源があっても実際の行動が伴わなければパワーを発揮することはできず、両者は組み合わされて用いられることが望ましいとされる。

さらに、パワーには三つの側面があるとされる。第一の側面は、相手に当初の選好の戦略に反する行動をとらせる能力、第二の側面は、相手の戦略の選択肢を制御して行動の幅を支配する能力、そして第三の側面は、相手の信念や認識、選好を創出し形成する手助けをする能力を意味する。

一般的に、第一の側面は、強制や金銭を支払うことによって望む結果を得る力、つまりはハードパワーの基礎とされ、第二、第三の側面は、議題設定や、説得、魅力など、「吸引力」により望む結果を得る力であるため、ナイ教授の提唱したソフトパワーとされる。

他方、ごく最近になって登場したシャープパワーとは、簡略化したイメージを持たせるならば、軍事力などのハードパワーと、文化や価値観といったソフトパワーの中間のようなものといっても良いかもしれない。ただし、ハードパワーとソフトパワーの適切な組み合わせとされるスマートパワーとは全く別物である。

民間団体に偽装して行う世論操作

シャープパワーとは、文化や価値観といったソフトパワーではなく、相手国の政治環境や情報環境に浸透し、穿孔するパワーを指す。しかし、一部では文化や価値観といったソフトパワーと同じ手段を用い、政府の政策としてのパブリック・ディプロマシーなどにおいて具現化される。

シャープパワーは主に権威主義国家が持つ力とされており、米国は、その権威主義国家を中国やロシアと名指ししている。この中ロのシャープパワーを手段とした世論工作は、その大部分が「カモフラージュ」を目的としているといわれる。**特に中国は、国家主導の政策を、メディアや民間団体などの仕事として偽装したり、海外の華人と連携して、プロパガンダや世論操作を行ったりする。**

米国では、この中国のシャープパワーの存在が問題視され、排除の動きが強まっているが、米国がこれを排除したからといって、米国および中国がハードパワーを行使して軍事衝突するとは考えにくい。単純に、ソフトパワーからシャープパワーへ、シャープパワーからハードパワーへと移行していくわけではないのだ。

さらにいえば、そもそも、シャープパワーがハードパワーやソフトパワーと完全に区分できるものではない。ソフトパワーの簡単な定義は、「強制や報酬ではなく、魅力によって望む結果を得る能力」であり、その手段は、文化、政治的価値、外交政策とされている。これだけ見ると、ソフトパワーが魅力的で重要な力とも見られるが、もちろん、それだけで最適化されるわけではない。時局によってはハードパワーが必要とされることもあれば、ハードパワーとソフトパワーが互いを補完し合うこともあり、ぶつかり合うこともあるとされてきた。

他方、**今日の国際社会では、これまで我々がソフトパワーとして理解してきたものが、実はシャープパワーとして解釈できるようになっている。**特に中国やロシアは、シャープパワーを行使していると米国から見なされるようになってきており、ソフトパワーが新たに概念化される必要性が叫ばれている。そして、これまで使われてきた概念的なパワーや語彙は、国際社会の現況にはもはや不適当であるとの観測も広がっている。

2　中国のシャープパワーの起源

天安門事件の負のイメージを払拭

中国のパブリック・ディプロマシーの起源は天安門事件にあるといわれている。天安門事件とは、一九八九年六月四日、北京の天安門広場において民主化を求めて集結した学生らデモ参加者に対し、軍が武力で弾圧し、多数の死傷者を出した事件である。欧米諸メディアがこうした中国を厳しく報じたことで、世界中にネガティブな中国のイメージをつくり出し、それが中国自身に危機を与えることとなった。

それ以前の中国のパブリック・ディプロマシー戦略は、「宣伝」に重きを置いていたと見られる。一九四九年の建国初期から文化大革命までの対外宣伝戦略は、①国外向け宣伝を国内向け宣伝と区別する「内外有別」の原則、②国外向け宣伝はその実施者である通信社を含め国内の制限と管理を受ける、③中国の好印象を与える、といった特徴があるといわれる。ここから、かつての中国のパブリック・ディプロマシーは宣伝、つまりは報道な

1989年6月2日、中国政府による武力弾圧が起きる直前の北京の天安門広場。AFP＝時事

どに重きを置いていたと考えられる。中国のマイナスイメージの拡大とともに、ソフトパワーを使った今日的なパブリック・ディプロマシーへの変化を見たのであった。

二〇〇〇年代には、中国は凄まじい経済発展とともに目覚ましく台頭していく。米国をはじめとする国際社会における中国のプレゼンスは、格段に高まっていった。しかし同時に、「中国脅威論」も高まることになっていった。そして中国は、天安門事件やそれ以降の経験などから、パブリック・ディプロマシーという外交手法が米国をはじめとする海外の世論を形成するのに大きな役割を果たすことを認識し、さらに中国のイメージ回復のために米国向けには特に積極的な活動を行ってきた。

米国の政府機関などを通じた従来の間接外交をはじめ、米国在住の華人を同胞として重視した地方都市における草の根レベルでの働きかけ、企業や市民団体との連携、さらに一般世論に対する多彩なメディア戦略や文化・人的交流など、政府が前面に出ない形で、米国世論に直接働きかけを行ってきたのである。

文化や言語といったソフトパワーを用い、新聞やメディアなどのツールを駆使しながら、中国は米国に対してパブリック・ディプロマシーを展開し、プレゼンスを高めてきた。国際社会のなかで有利な位置を占めようとしてきた中国は、自国の経済発展を継続させるために、国際社会のルールを自らにとって有利となるよう変更しなければならないと考えている。

そこで中国は、この試みが欧米諸国に世界秩序への挑戦として警戒されると先回りして考え、世界中でパブリック・ディプロマシーや経済支援などを展開し、自国の味方を増やす努力をはじめた。その中国のパブリック・ディプロマシーを含む働きかけが、今や、米国やその他の地域で警戒されはじめた。

二〇一四年頃から風向きが変わった

先に述べたように、NEDの提唱をきっかけに、米国を中心に世界中でシャープパワーという言葉が浸透しはじめた。ここで示されたシャープパワーを行使する国は、中国やロシアを指す。日本でも、この言葉が遅ればせながら入ってきており、最近メディアや研究者の間でもたびたび使われるようになった。

シャープパワーという言葉が頻繁に用いられるようになった背景には、米国をはじめとする欧米諸国を中心とした国際社会の対中警戒感がある。

米国では、中国の経済活動や軍事行動が米国の国益を脅かすのではないかという危機感が増大するのと並行して、中国の代表的な広報外交の手法とされてきた孔子学院や『チャイナ・ウォッチ』、CCTVアメリカなどが、世論工作やプロパガンダに用いられるシャープパワーとして批判されるようになってきている。

中国は、以前からパブリック・ディプロマシーを使って世界中に自国の魅力や好感度をアピールしてきた。しかしながら、中国の働きかけが、米国では、もはやソフトパワーを使った外交として理解されるパブリック・ディプロマシーの域を逸脱し、シャープパワーであるといわれはじめたのだ。

中国は主に米国に対し、長年、政治・経済・文化といったあらゆる分野において、なりふり構わぬやり方で戦略的なパブリック・ディプロマシーを展開してきた。

その影響力は着実に効果を出し、二〇一〇年〜二〇一三年頃には、「アジアのなかで最も重要なパートナー」を、中国と見る米国世論が、一般世論および有識者の間で、それぞれ日本を上回ったほどであった。また、歴史認識をめぐる日本との問題に関して、韓国と協同した中国の活動が功を奏し、特に米国のメディアなどによって、日本に「歴史修正主義」や「国粋主義」とのレッテルが張られていたのだった。

しかし、二〇一四年頃から風向きが変わりだした。中国が展開する、世論工作や宣伝活動、ロビー活動、米シンクタンクや大学などの教育機関への資金提供といった、そのなりふり構わぬ外交戦略が、米国から「プロパガンダ」や「スパイ活動」と批判されはじめた。

こうした中国の外交戦略は、一般的に考えられているソフトパワーを使ったパブリック・ディプロマシーとは異質のものとされている。世論工作、嫌がらせ、圧力などといった権威主義国家ならではの「強引で」「鋭い」手法であるという要素が強いことから、国際社会では警戒感が増大し、シャープパワーという言葉が誕生したのである。

3　孔子学院の排除

孔子学院の資金源は中国政府

中国のシャープパワーは、政治や経済にとどまらない。教育の分野にまで浸透してきている。特に**中国政府の中国語教育機関、孔子学院は中国のパブリック・ディプロマシー戦略を代表する象徴的存在といわれる**。二〇〇四年に韓国で開学し、二〇一九年八月までに世界中の国や地域計五三〇カ所に設立されてきた。日本にも立命館大学をはじめとする私立大学一五校に存在し、孔子課堂および孔子学堂が二カ所に設置されている。

国別で見ると米国が多い。最盛期には、世界全体の孔子学院の総数の、実に二〇％以上が米国に設置されていた。現在でも一五％以上が米国にある（孔子学院総本部によれば、世界五三〇校のうち、米国には八六校）。全米学者協会（ＮＡＳ）は、全米に八九の孔子学院が設置されていることを確認したとしている。最盛期には、米国に一二〇を超える孔子学院が開設されたともいわれる。この実態は、中国が米国に対する働きかけをいかに重要視しているかをうかがわせるものでもある。

孔子学院が米国で増え続けた理由の一つに、米国内の大学の経営状態の悪化が挙げられる。孔子学院の設置に当たっては、中国政府が資金提供をするため、米大学側にとっては、自己負担することなく学生に中国語教育が提供できるとして、二〇〇五年頃から相次いでその設置が進んだ。

しかし、孔子学院ブームも、二〇一四年頃から風向きが変わりはじめた。孔子学院の教育内容をめぐって、米国内で「中国政府の政治宣伝機関だ」「学問の自由に反する」といった批判が高まり、相次いで閉鎖している。ＡＡＵＰ（米国大学教授協会）などが大学側に、状況に応じては孔子学院

図2-1　米国での孔子学院の設置・閉鎖の推移

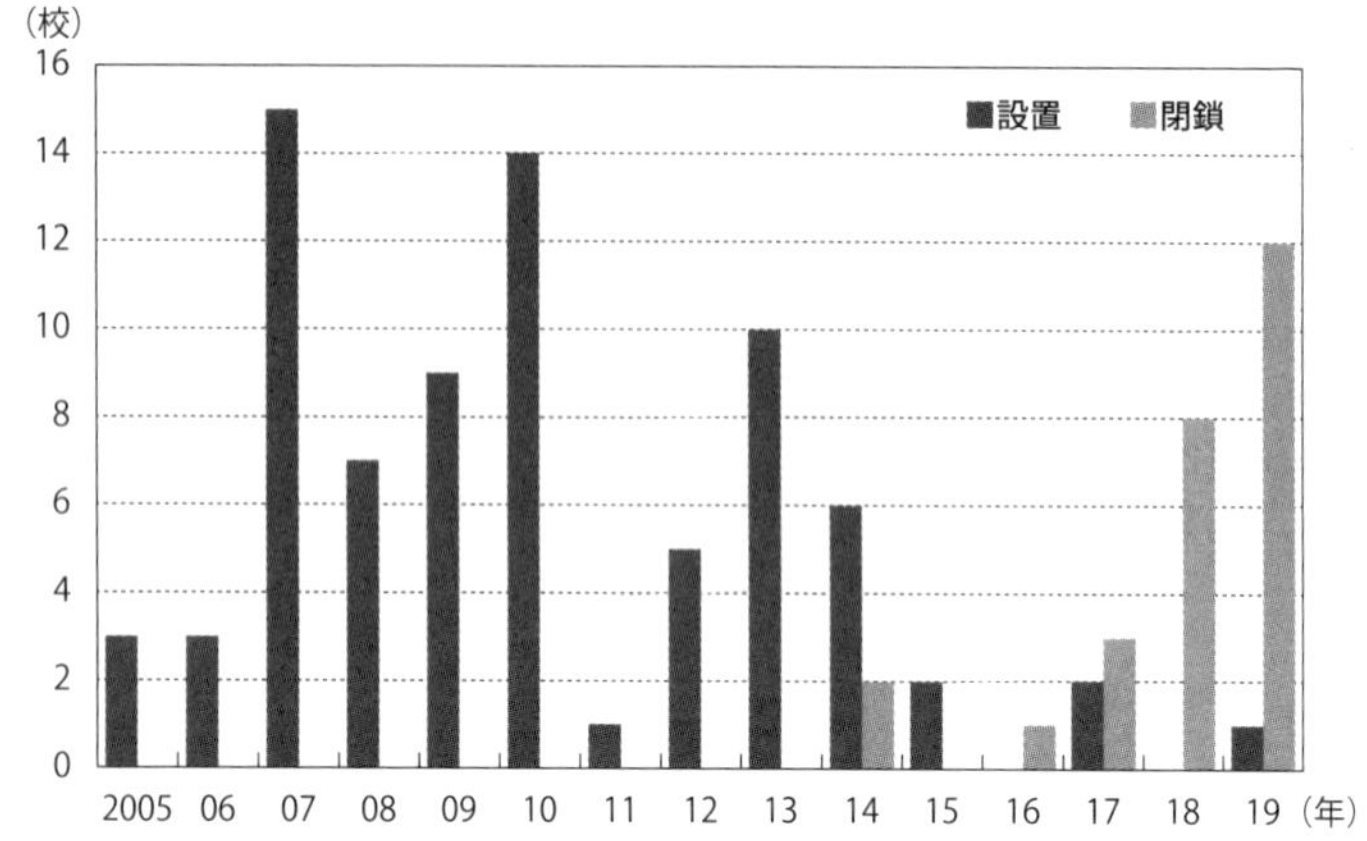

（出典）全米学者協会のデータを基に著者作成。設置年月日が不明の11校は含んでいない。

との契約打ち切りを促してきた。

今日では、ＦＢＩが孔子学院を中国共産党によるスパイ活動容疑で捜査対象とするといった事態にまで発展している。**二〇一八年八月に成立した国防授権法二〇一九（日本では国防権限法とも呼ばれる）には、ファーウェイ製品の調達禁止に加え、孔子学院を設立する大学への資金援助の停止を求める条項までもが盛り込まれていた。**つまり米国では、これまでの民間レベルでの動きとは異なり、法律までもが介入し、国を挙げて孔子学院を名指し批判する事態に発展しているのだ。

なぜここまで、米国の教育分野に中国のシャープパワーが幅広く活動できたのだろうか。その理由の一つが、孔子学院が中国政府から豊富な資金を得ていることであろう。

二〇一二年の中国語メディアの報道によれば、二〇〇四年から二〇一二年の間に、中国政府は孔子学院の事業に五億ドルの資金を投じている。別のメディアは、二〇一五年に中国共産党が孔子学院に支出した予算は三億一〇〇〇万ドルで、二〇〇四年から二〇一七年までに総額二〇億ドル以上がつぎ込まれたと報じている。ちなみに米国では、孔子学院一校につき、一〇〇万ドル以上の設置費用がかかるとも、運営費は毎年二〇万ドルを超えるともいわれている。また、別の分析によれば、新しい孔子学院を設立するために、一五万ドルの一時金が投入され、毎年一〇万ドルの運営費がそれぞれにつぎ込まれている。

孔子学院の運営機関は、中国教育部（日本の文部科学省にあたる）傘下の「国家漢語国際推進指導小組弁公室」（漢弁）である。漢弁は、中国政府の機関であるが、背後で意思決定しているのは中国共産党指導部である。たとえば、二〇一八年一月二三日に、中国共産党中央全面深化改革領導小組が、『孔子学院の改革発展に関する指導的意見』などの文書を会議で通過させ、「特色ある大国外交」の担い手として「孔子学院建設強化」を打ち出したのは、その明確な表れであるといえる。

さらに遡れば、二〇一四年末、孔子学院総本部の理事長は、英国ＢＢＣのインタビューに対し、「孔子学院は、中国共産党の価値観を輸出するために存在する」と公言した。この発言などに鑑みれば、米国が孔子学院の活動に懸念を示すのは当然であるともいえよう。

中国人留学生も締め出しの対象

米国の中国締め出しは、孔子学院のみならず、その他の研究・教育分野にまで及ぶ。中国共産党と関係の深い非営利団体「中米交流基金」が、ＳＡＩＳ（ジョンズ・ホプキンス大学高等国際問題研究大学院）などに資金提供していたことが明らかになった。同基金は、米シンクタンクなどと研究活動などで提携も行っているとされ、米国で問題になっている組織だ。クルーズ上院議員は、同基金との提携を検討していたとされるテキサス大学に対し、資金提供を受けないように要請した。

さらに米国は、中国人留学生も締め出しの対象とした。米国では現在、中国人留学生三二万人以上が在学し、過去一〇年で約五倍の伸びとなるほど、その数が急増している。ところが中国共産党が、党とかかわりの深い全米の留学生組織「中国学生学者連合会」を使って、留学生にスパイ活動のようなことまでさせているともいわれはじめた。

二〇一八年六月、米国務省は、中国人留学生のうち、航空工学やロボット工学など、最先端分野を専攻する大学院生などのビザの有効期限を五年から一年に大幅短縮すると決定した。この措置は、スパイ活動や知的財産権の侵害を未然に防ぐことが目的だという。中国人留学生の入学前の審査を厳格化すべきかどうかについても、検討されているようだ。

ＦＢＩのクリストファー・レイ長官も、中国は在米の中国人大学院生や研究員らに、米国でスパイ活動をさせていると指摘した。また、ロイター通信によれば、米国内での中国人留学生によるスパイ行為などを探知すべく、米政府職員を対象に行う教育・訓練を、米大学の職員に対しても実施することが米高官レベルで計画中だという。

中国は、米国における孔子学院をはじめとする教育分野での働きかけにおいて、これまで以上にやりにくい環境のなかで活動せざるを得なくなると考えられる。

4　逆風を招いたトランプ支持層の切り崩し

米国の有力紙に影響力を持つ『チャイナ・ウォッチ』

中国のパブリック・ディプロマシーは、豊富な資源を武器に、特に米国世論に対し精力的に展開されてきた。なかでも新聞メディアを通じたパブリック・ディプロマシーに多大な努力を払ってきた。ところが、その中国のメディア戦略は、トランプ大統領から「プロパガンダ」と非難されることとなり、米国社会で問題となってきている。

メディアを通じた中国のパブリック・ディプロマシーのなかでも、『チャイナ・ウォッチ』はシャープパワーとして米国から警戒されている。『チャイナ・ウォッチ』は、中国政府が運営する英字新聞社のチャイナ・デイリー社が発行しており、中国のパブリック・ディプロマシーの一戦術として、世界中の有力新聞のなかに入り込んできた。

『チャイナ・ウォッチ』は、海外の新聞記事と混じって掲載されたり、折り込み広告として差し込まれたりしている。ここでは、政治・経済・社会・文化といった内容の時事ネ

図2-2　米国の有力紙に影響力を持つ『チャイナ・ウォッチ』

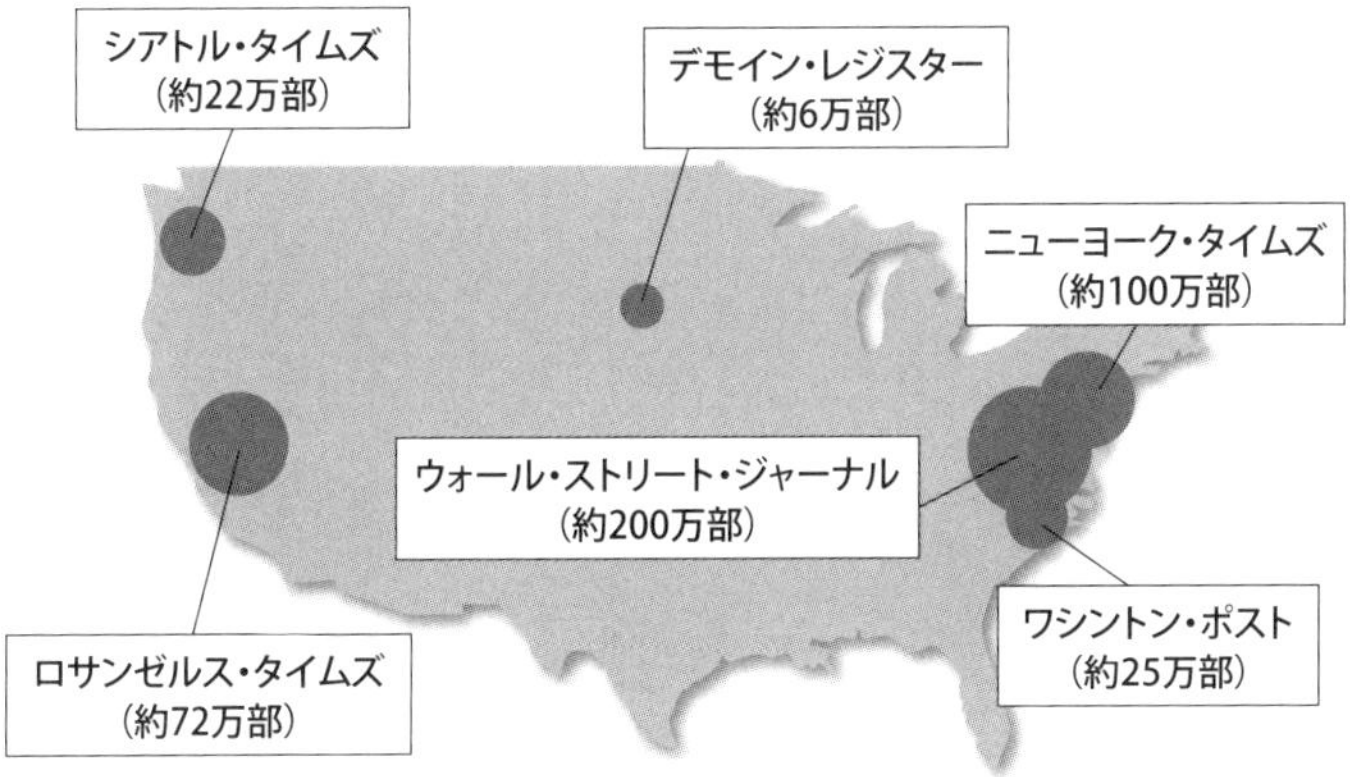

(出典) ガーディアンの報告書および各新聞発行部数を基に著者作成。

タが取り上げられており、紙面の構成まで、普通の新聞と何ら変わりない。中国はこれを「広告」としているが、我々が思い浮かべるような一般的な広告とは大きく異なる。

チャイナ・デイリー社は、一九八一年に北京で設立され、二〇〇九年にニューヨークに進出した。それ以降、徐々に米国における規模と活動を拡大させ、今ではワシントン、シカゴ、サンフランシスコ、ヒューストンといった大都市に支局を展開するまでの力と存在感を持つに至った。中国政府が主体となって、米国などの有力新聞のなかに「広告」として紛れ込ませ、購読者の手に渡るよう計算されてつくられていると見られる。

なぜ、中国政府はここまで米国有力紙に

影響力を持っているのだろうか。それは、米国の東海岸の有力紙である『ニューヨーク・タイムズ』や『ワシントン・ポスト』『ウォール・ストリート・ジャーナル』から西海岸の『ロサンゼルス・タイムズ』『シアトル・タイムズ』など米国の主要紙に大量に広告を出しているからだ。その経済成長を武器に、米国の大手新聞社に対する影響力を拡大し、米国の世論づくりに勤しんできたのである。

二〇一八年末の英国紙『ガーディアン』が発表した報告書によれば、中国のこうした広告の目的は、「中国について正しく伝える」ことだ。

中国共産党の管理の下では、中国には「報道の自由」がない。その中国は、民主主義国家に共通のルールであるともいえる「報道の自由」という脆弱性を突いて、海外の主要新聞メディアを利用し、自国にとって都合が良く、中国を正当化する報道のみを伝えるという手法を用い、かなり大胆に世論工作を行っているのだ。

大豆農家を対象にしたメディア戦略

二〇一五年初頭、私（粟原）はワシントンのシンクタンクの研究員や有識者らと意見交換したが、その際、『チャイナ・ウォッチ』についても議題に上った。彼らによれば、『チャイナ・ウォッチ』の存在は米国の有識者の間で周知されており、「お馴染みの中国のプロパガンダ」と認識されていたようである。「我々は、『チャイナ・ウォッチ』は読まない。プロパガンダとわかっているからだ。目も通さないか、読まずに捨てる」と語った。実際、「我々」というのは、恐らく彼らシンクタンク職員や有識者らを指すと考えられる。「何も知らない市民にしてみれば、また話は違ってくるだろうが」と彼は付け加えた。

彼のいったとおり、日本ではもちろん、米国一般市民、特に地方に住む米国民には、『チャイナ・ウォッチ』が広告であることは元より、『チャイナ・ウォッチ』が何なのかさえ、あまり知られていないのが現状だ。何も知らず、『チャイナ・ウォッチ』を読んだ米国民は、どのような影響を受けるのか、やはり米国政府としては憂慮するところであるのだろう。

二〇一八年の米国中間選挙期間中、中国は、トランプ大統領の支持層の切り崩しを『チャイナ・ウォッチ』を用いて試みていた。事の発端は、米中の貿易摩擦で、米国が中国からの輸入品に多額の関税をかけたことだった。二〇一八年七月六日、米国は中国からの三四〇億ドル相当の輸入品に関税をかけた。中国は対抗措置として、米国からの同額の輸入品に関税をかけ返した。

問題は、その輸入品目のなかに、大豆が含まれていたことであった。米国産大豆は、中国国民の生活にとって大変貴重なものであるばかりか、米国の大豆農家にとっても重要な輸出品である。大豆農家は、トランプ大統領の重要な支持層である。それゆえ、トランプ大統領の政治生命にとっても、大豆は重要な存在であるともいえる。

そうしたなか、突如、米国の中西部アイオワ州の有力紙『デモイン・レジスター』(二〇一八年九月二三日付)に、四ページにおよぶ『チャイナ・ウォッチ』が折り込まれた。広告は、チャイナ・デイリー社が執筆し、広告費用を負担したという『デモイン・レジスター』の但し書き付きで、内容は、トランプ大統領を批判するものであった。

前述のとおり、この「広告」は構成が一般的に出回っている新聞と何ら変わらない。一面には、**「(米中の)闘争は、貿易によって生み出される利益をむしばんでいる」という見出しで、「米中貿易摩擦が中国の輸入者の関心を南米に向かせている」などと、トランプ大統領の対中政策を批判し、それによって被る米国農家の損害を警告するものであった。**何も知らずに目にする購読者にとっては、それはまるで『デモイン・レジスター』の主張であるかのように映る可能性すらある。

さらに中国は、大豆農家を対象に、別のメディア戦略にも打って出た。CCTVの国際放送チャンネルである、CGTN(中国グローバルテレビネットワーク)は、二〇一八年七月、自身のウェブサイトに米中貿易問題に関するアニメ動画をアップした。

アニメに登場するキャラクターは、何と大豆だ。「こんにちは、僕は大豆」と、大豆が自己紹介する。「僕はそんなにたいしたことないように見えるかもしれないけれど、こう見えてとても重要だ」と語り出し、大豆の果たす役割を語り、米中貿易摩擦が米国農家にとってどれほどの損失になるかをわかりやすく解説する。

鉛筆や絵の具で描いたような優しいタッチの画で、私（粟原）が見る限りでは、「プロパガンダ」といった印象や、いやらしさを感じさせない。音声は英語で、中国語の字幕付きだ。

この『チャイナ・ウォッチ』やアニメ動画発信の目的は、トランプ大統領の支持者を揺さぶることであると考えられる。穀類は米国最大の対中農産物輸出品であり、対中輸出品のなかでも特に重要品目で、大豆が大半を占める。中国に向けた米国産大豆の輸出は過去一〇年間で二六倍に増大しており、米国の対中貿易依存度も高くなっている。なかでも、アイオワ州は農業が盛んな土地柄であり、大豆生産量は全米一位を誇る。中国は、米国に対する報復措置として、米国産大豆を含む農産品に対し、二五％の関税を課した。さらにそれに合わせ、アイオワ州に住む米国人や大豆農家を対象に世論工作をしかけた。

現在では、中国は海外から大量の大豆を輸入している。中国は一九九〇年代半ばまで大豆輸出大国であったものの、年々輸入量が増え、年間一億トンもの大豆を輸入するようになった。大豆は、豆腐の材料や豚などの飼料となり、ビスケットなどの主な原料にもなる。世界最大の豚肉消費国でもある中国の養豚業者にとって、大豆は必要不可欠な飼料原料である。これは、中国製品に大幅な関税をかけたトランプ大統領に対する報復の手段であり、来る一一月の中間選挙を睨んでのことだったと考えられる。

米国中西部の農民は、トランプ大統領の支持母体の一つでもある。二〇一六年の大統領選では、大豆生産量の上位一〇州のうち九州がトランプ支持に回った。なかでもアイオワ州は、いわゆる「スイング・ステート」のうちの一つでもあり、二〇一六年の大統領選に続き、二〇一八年一一月の中間選挙でも、民主・共和両党の激しい争いが予想されていた。

今回、アイオワ州の地方紙などを利用して米国世論に働きかけた中国の目的は、トランプ大統領の支持母体の切り崩しを行い、トランプ政権にとって不利な状況をつくり出すことであったといえよう。

トランプ大統領の反撃

この中国の対米世論工作の成果についても気になるところである。はじめは、トランプ支持層の切り崩しを狙った中国の試みはうまくいっているようにも見受けられた。米国産

2018年9月26日、国連安全保障理事会の会合で、「米国の中間選挙に中国が干渉しようとしている」と非難するトランプ大統領。AFP＝時事

大豆を含む中国の関税引き上げを受け、米農業団体などからトランプ大統領の対中貿易政策に対して抗議の声が上がった。アイオワ大豆協会や全米の大豆農家三〇万戸で構成される米国大豆協会は米政権に抗議を行い、解決を求める声明を発表したのであった。

しかし、中国の企てはそう簡単には成功しなかった。中国のパブリック・ディプロマシーに激怒したトランプ大統領は、二〇一八年九月二六日、国連安全保障理事会の演説で、「中国は今年の中間選挙に干渉しようとしている」と名指しで批判した。また同年九月二四日には二〇〇〇億ドルもの中国製品に一〇％の関税をかける追加関税第三弾を発動した。

政権内での中国批判も高まっていた。大統領補佐官のジョン・ボルトンは、二〇一八年八月、ＡＢＣニュースにおいて、米選挙への介入の恐れのある国として、ロシアやイランと並んで中国を挙げたのだ。

元アイオワ州知事で現駐中国米国大使のテリー・ブランスタッドも、二〇一八年九月三〇日、『デモイン・レジスター』に、「中国は、米国が大切にしてきた表現の自由や報道の自由の下でプロパガンダをばらまいている」と中国を批判する寄稿文を出した。

さらに、トランプ大統領自身も、米中貿易摩擦の影響を受ける米国内の農家に対し、懸命にフォローを行った。二〇一八年七月二四日、政府として、最大一二〇億ドル規模の救済策を打ち出して、農家に対する支援の方針を発表すると同時に、前述の二〇〇〇億ドル規模の中国製品に対する追加関税措置に加え、同年九月七日には、新たに二六七〇億ドル相当の中国製品に輸入関税を課すと、中国向けに警告を発した。農家への支援金は二〇一九年五月までに八五億ドルが直接支給されている。

こうした経済面での対応に加え、トランプ大統領は、得意のＳＮＳによる発信もかかさなかった。『デモイン・レジスター』に広告が掲載されてわずか数日後、トランプ大統領が自身のツイッターに「中国は『デモイン・レジスター』や他の新聞に、ニュース記事に見せかけたプロパガンダを載せている」と投稿し、中国のこうした対応について、「貿易問題で我々が打った手が効いているからだ。事が済めば、市場は開放され、農家には大金が落ちる」と、米国農家向けに説明を行った。

このようにトランプ大統領は、さまざまな手段で支持母体に対するフォローを大々的に行った。そうした取り組みの効果もあり、トランプ支持層からは、同政権の減税や規制緩和といった政策を評価する声も多く聞かれるようになった。

トランプ支持層の揺さぶりは失敗に終わった

米国中間選挙の結果は、二〇一八年一一月六日に即日開票され、上院では共和党、下院では民主党が多数派となった。トランプ政権は、下院を民主党に奪還され、今後、厳しい議会運営を迫られる結果となった。

しかし、現在の米国内の対中観は、トランプ大統領のみならず、議会のなかでも非常に厳しいものになっている。共和党、民主党を問わず、対中警戒感を募らせているのだ。米国内の政治は混迷を極める一方、対中強硬姿勢は、共和党か民主党かという枠を超えた超党派的な風潮になっているのである。

こうなっては、中国が今までどおり、トランプ支持層の切り崩しを図ろうとしても、思いどおりにはいかないだろう。中国に対する米国議会の結束は固くなっており、この状況が継続すると考えられるからだ。『デモイン・レジスター』のケースでは、中国の米国における トランプ支持層の揺さぶりの企みは失敗に終わってしまったようだ。

中国は、トランプ政権の反応を過小評価していたのかもしれない。**中国「お得意」の『チャイナ・ウォッチ』を通じたパブリック・ディプロマシーは、トランプ大統領によって全米で暴かれ、さらには自らが課した関税の何倍もの報復関税が跳ね返ってきてしまう結果となった。**

もともとパブリック・ディプロマシーにおいて「対中イメージの向上と米国世論の取り込み」を目的とし、メディアを使って世論にアプローチしてきた中国だが、その手腕もまた、シャープパワーの一つと認識されはじめてしまった。米国世論の対中好感度が、一〇年近くで二〇％近くも落ちているとする米国の調査もある。こうした状況に鑑みても、中国のメディア戦略は、現状ではやはり成功しているとは言い難い。

5　次なるターゲットは日本か

中国は世論操作の手段を選ばない

今日の米国では、対中強硬論が増大し、中国排除の動きが広がっている。その中国が外交戦略で行使するパワーは、従来のパブリック・ディプロマシーというソフトパワーではなく、情報操作や世論工作を行うシャープパワーとまで呼ばれるようになった。

これまで述べてきたように、中国がもともと行ってきたパブリック・ディプロマシー、たとえばロビー活動をはじめ、メディア戦略や孔子学院の活動は、おおよそ全て中国のプロパガンダやスパイ活動などと警戒されている。

こうした米国の動きは、中国にとって、これまでどおりにはパブリック・ディプロマシーを自在に展開できないことを示唆するものである。中国自身も、米国はもちろん、国際社会における排除の動きを大変懸念しているだろう。中国にとっては厳しい状況へと変化してきており、今後、対米パブリック・ディプロマシーがより難しくなると考えられる。

とはいえ、**中国がそのパブリック・ディプロマシーを自ら諦め、米国から撤退することは考えにくい。**中国が自国の経済政策や外交政策などを有利に進めるには、中国が重要視する国や地域の世論を自国の味方に付ける必要があるためである。中国は、今後も、自国の国益に資するような国際世論づくりを進め、そのための手段を選ばないだろう。

現在中国は、国内の世論をあおるため、国内世論工作を活発に行っているともいわれる。『人民日報』や新華社、ＣＣＴＶなどが反米的な報道を行い、朝鮮戦争など「抗米」をテーマとした過去の戦争映画を連日放送しているというのだ。

今までのパブリック・ディプロマシーの手法がシャープパワーとして米国から排除されるならば、中国はまた違った角度から世論に働きかけてくる可能性も考えられる。中国共産党あるいは中国政府の関与がよりわかりづらい形でアプローチしたり、ネット上での世論形成を強化したりすることも考えられるだろう。

一方で、経済的な影響力を背景とした国際社会における支持集めも行われるだろう。さらには、米国で中国とともにシャープパワーを行使する国として懸念されているロシアとの軍事的な要素が含まれる協力も考えられる。現に中国は、中国国防白書二〇一九（二〇一九年度版の中国国防白書）において、ロシアとの軍事協力を明示している。

日本の大学にも存在する孔子学院

日本はこれを「米中間の対立だ」と客観的に評価しているだけではいけない。**米国で閉鎖の動きが強まっている孔子学院や孔子課堂は、現在、日本国内の私立大学などに存在する。**文部科学省によると、孔子学院は大学間の取り決めであり、設置に当たっては届出などの義務はない。

米国に触発される形で閉鎖されるといった動きは今のところない。二〇〇五年に日本ではじめて孔子学院を設置した立命館大学は、「中国と日本が相互に協力し、互いの文化・言語・社会情勢を正しく理解し合うことは、両国の利益・発展につながっていく」としつつ、目標について次のとおり紹介している。

「平和的、学術的、文化的交流を通じて両国が友好関係を深めることができるよう、今後も言語教育・文化交流事業の更なる展開を目指し、中国と日本の架け橋として貢献できるよう努めてまいります」

中国語メディアによれば、孔子学院を設置している大学は、年間約一〇万〜一五万ドルの助成金を得られるとされる。現在日本では、私立大学の経営赤字が叫ばれており、語学教育を中国政府からの援助を受けて学生に提供できる環境は捨て難いともいえる。米国の孔子学院閉鎖の動きに倣って閉鎖の動きが早急に出ることは、現在の日本の大学の語学需要や運営面などの事情では考えにくい。

また、**トランプ大統領が「中国のプロパガンダ・キャンペーンだ」とツイッターで非難した『チャイナ・ウォッチ』は、日本の一部新聞にまで折り込まれるようになった。**

中国は、常に多国間のバランスを取ろうと試みる。米中関係が悪化すればするほど、中国は日本に接近するのだ。米国からの圧力が強まれば、中国は、自身が米国および国際社会から孤立させられることがないよう、米国の同盟国である日本に対する働きかけを強め、日米離反を狙うだろう。

また、中国が国際社会で孤立することがないにしても、世界が米国側と中国側に「二極化」され、市場が分断されることになれば、現段階では中国側が経済的にも軍事的にも不利に立たされる。中国はこうした状況を避けたいと考えるのである。

日本は、日米関係を強化しつつ、一方で日中関係改善を模索している。日本にはバランス感覚が求められるのだ。日本国内の政界、教育機関、マスメディアなどには、国内外の社会の実情を整理し分析し、「学問の自由」や「表現の自由」ともうまく折り合いをつけながら、あらゆる中国の働きかけに適切に対応していくことが求められている。

第3章

5Gで世界の覇権を狙う

1　5Gを支配する国が新しいルールをつくる

習近平主席肝いりの「中国製造二〇二五」

米国が中国に対して経済的圧力をかけるように、強い姿勢を見せて中国の活動を抑え込もうとするのは、米国の中国に対する恐れの表れである。中国の活動に対して米国が警戒感を露わにしはじめたのは、「中国の台頭」が、これまで米国が主導して構築してきた国際秩序に挑戦するものであり、米国の安全保障面および経済面での権益を損ねるものだと認識されはじめたからだ。

しかし、急速な軍備増強にもかかわらず、中国が米国本土を攻撃する能力は、戦略核兵器を除いて、全く不十分である。**それでも米国が中国の軍事力に対して強い懸念を示すのは、米国の軍事力が中国に接近することを拒否する能力を中国が持とうとしているからだ。**米国にとっては、自らの軍事力が世界の全ての地域に自由にアクセスできることが安全保障の基本なのである。そして、中国が米国の軍事力行使を警戒し、これを拒否しようとするのは、中国が、米国が許せないことを企図しているからではないかと考えるのだ。それは、国際社会における米国の優位を奪おうとすることである。

米国の懸念は、中国の軍備増強そのものだけに向いているわけではない。そもそも経済力がなければ軍備増強などできず、自国で武器装備品を開発するためには技術も必要である。また、中国の急速な経済発展と技術レベルの向上が、米国経済界の危機感を高め、米国議会を動かしている。中国の経済活動が、米国の経済的権益を損ねるということだ。

そして、米国政府がより強い危機感を持つ原因は中国の意図にある。中国が米国の覇権を奪う意図を有していることに対する警戒感なのだ。中国は自らの意図を隠そうとはしない。中国にとって、強大な製造業をもって経済発展を継続することは、米国に並ぶ世界強国になることと切っても切り離せない。

そして、**中国の経済活動が、中国の覇権獲得に直結していることを米国に理解させ、警戒感を露わにさせたのが、「中国製造二〇二五」である。**

二〇一五年五月一九日に中国国務院が公布した、習近平主席肝いりの「中国製造二〇二五」のなかで、今後、重点を置くとしたのは次の一〇分野である。

①　次世代情報技術（半導体、次世代通信規格「5G」を含む）

②　高度なデジタル制御の工作機械・ロボット
③　航空・宇宙設備（大型航空機、有人宇宙飛行）
④　海洋エンジニアリング・ハイテク船舶
⑤　先端的鉄道設備
⑥　省エネ・新エネ自動車
⑦　電力設備（大型水力発電、電子力発電）
⑧　農業用機材（大型トラクター）
⑨　新素材（超電導素材、ナノ素材）
⑩　バイオ医薬・高性能医療器械

米国企業も、利益を上げ続けるために、今後、これらの分野で技術的優位を保たなければならない。特に、大きな問題になるのが、次世代移動通信規格「５Ｇ」である。**中国が自国製の電子デバイスなどを用いて5Gネットワークを支配すれば、世界中の情報の支配を可能にし、米国の軍事的優位および経済的利益を脅かす事態になりかねない。**

米国や台湾の情報関係者や研究者は、すでに、米国や台湾では、政府機関など重要施設の付近に設置された中国製監視カメラによって、要人の動静に関する情報が中国に流れていると主張する。

また、ＩｏＴなどの実現によって、情報は一方通行ではなく、各端末が収集した情報もビッグデータとして利用される。ネットワークを支配する者と使用するだけの者の間の情報格差は埋め難いほど大きくなり、ネットワークを支配する者の優位が揺るぎないものになっていく。中国は、ネットワークを支配する者になりたいのだ。米国は、安全保障上も、ビジネス上も、簡単に中国の優位を許すわけにはいかないだろう。

遅きに失した感がある米国の対応

米国経済界にとって、中国が「中国製造二〇二五」で掲げた目標は、米国の国際経済活動における支配的な優位を揺るがすものと認識されただろう。米国経済界が、トランプ大統領の対中強硬政策を支持する理由である。

共和党であるか民主党であるかを問わず、議会にトランプ大統領以上の対中強硬姿勢をとらせている背景には、米国経済界の後押しがあるのだ。米国は、中国が「屈辱の一〇〇年」を覆して中華民族の偉大な復興を実現し、米国から覇者の地位を奪おうとしていると理解しただろう。

しかし、米国が中国の意図に危機感を高めたのは、いささか遅きに失した感がある。オバマ政権期、中国は米国に対して新型大国関係を働きかけ、米中両大国は衝突しないのだと主張した。米国との衝突を避ける一方で、中国は自らの野心を満たすために着々と実力を蓄えていたのである。

状況が変わったのは、二〇一七年一月にトランプ大統領が誕生してからである。習主席は新型大国関係という言葉を使用しなくなったが、増強された中国の軍事力はすでに一部で米国を脅かすまでになっていた。

トランプ大統領誕生の三カ月後、中国海軍は大連造船所において、初の国産空母を進水させた。象徴的な出来事だ。中国は、それ以外にも、米海軍空母打撃群を中国本土に近接させないための対艦弾道ミサイルや新型の爆撃機を開発していたのである。

米国政府機関がいくどか警鐘を鳴らしたにもかかわらず、米国政府や社会が中国の野心に危機感を高めなかったのは、中国の世論工作が功を奏していたからかもしれない。トランプ政権は、中国の世論工作に対する警戒心を露わにする。その脅威を認識しているからだろう。

2 「中国製造二〇二五」に潜む意図

世界強国を建設する必須の路

中国は長年、覇権を求めないと主張し続けてきた。しかし、実際の活動を見れば、中国が米国を超える世界強国となるという意図は明らかである。そして、「責任ある大国」として、中国にとって公平な国際秩序をつくり、中国を中心とした国際的な経済活動を拡大し、国際社会を主導する意図も示している。

定義にもよるが、中国は覇権を求めているともいえるだろう。そして「中国製造二〇二五」において、中国は、世界強国になるという意図を明らかにしている。

米国は中国の種々の活動を警戒し、これを抑え込もうと動きはじめたが、一方の中国にしてみれば、懸念していたとおりの悪夢が現実となっているともいえる。米国が中国の台頭を恐れるのと同様に、中国は米国が必ず中国の発展を妨害すると恐れてきたのだ。

中国は、現在の国際関係を「不公平に満ちている」と批判し、「協力とウィンウィンを核心とする『新型国際関係』を構築しなければならない」と主張してきた。中国は、自らの新型国際関係構築の試みが米国の妨害を受けると考え、これを拒否するために軍備増強を進めている。

中国が軍備増強を加速するのは、何より中国共産党による一党統治の政治システムを継続させるため、米国の妨害を排除して経済発展を継続して社会を安定させ、さらに大国の国民であるという満足感を与えるためである。

中国が「中国製造二〇二五」を戦略目標として掲げるのは、単に経済大国になりたいからではない。中国にとって、覇権を狙うことと強大な製造業を有することは切っても切り離せないのだ。だからこそ、米国は本気になった。その意味において、米国をして、本気で中国を抑え込みにかからせたものが「中国製造二〇二五」であるといえる。

特に、5G支配の動きは中国の意図を象徴するものだ。5Gを制する者が次の産業革命を制するともいわれる。過去には産業革命を起こした英国および米国が覇権的地位を獲得してきた。経済力だけでなく、産業革命によって開発された技術が圧倒的な軍事的優位を生んだからである。

「中国製造二〇二五」にある、「一八世紀半ばに工業文明がはじまって以来、世界強国の盛衰と中華民族の奮闘の歴史は、強大な製造業がなければ国家と民族の強盛はないことを証明している。国際競争力を有した製造業を打ち立てることは、我が国の総合国力を高め、国家の安全を保障し、世界強国を建設する必須の路である」という文章が中国の認識を表している。

中国にとって、強い製造業を有することは、世界強国建設のための手段なのだ。「中国製造二〇二五」は、決して単なる経済政策（経済界支援）ではなく、国家の戦略であり事業なのである。そして権威主義国家である中国は、強制的にでもこの目標を達成する。

社会主義という政治体制を最大限利用

中国は、英国で起こった産業革命によって世界の経済的覇権を失ったと認識している。それだけではなく、アヘン戦争に敗れて以降の一〇〇年間、産業革命の恩恵を受けた欧米列強に屈辱を与えられ続けた。中国は、今こそ、5Gを支配して、欧米から覇権を取り戻すべき時だと考えているのだ。中国が覇権を握ろうとするのを米国が黙って見ているはずがないが、中国が動きを止めることもない。

なぜなら中国は、現在の状況を、経済覇権を握るのに絶好の機会であるとも認識しているからだ。このチャンスを逃す手はない。その状況とは、中国の内需拡大だけではなく、インテリジェント製造などの技術が価値チェーン体系に変化を及ぼし、グローバルな産業競争やグローバル貿易に変化を起こそうとしていることを指している。

この変化こそが、グローバル経済のなかで新たな位置を占める機会を中国に与え、同時に試練も与えると認識されるのだ。変化に乗じて優勢を確保するということである。その上で、中国は、新世代情報技術と製造業の密接な融合が、計り知れない影響力を持つ産業革命を引き起こし、新たな生産方式、産業形態、ビジネスモデルと経済成長分野を形成するとして、中国がこれを成し遂げるのだとする。

中国はまた、自らを製造強国とするために、自らが社会主義という政治体制であることを最大限利用しようとしている。中国共産党の計画に、中国国内の全てを強制的に動員するのだ。このことがまた、市場経済を採用する米国の危機感を煽っている。

政府が市場原理を無視して経済活動の全てを管理できるのであれば、構造改革も技術の発展も強制的に進められる。米国政府や米国経済界にとって、脅威に感じられるのは無理もない。まさに、異なる政治体制間の競争になりつつあるのだ。

3 「二つの一〇〇年」が持つ政治的な意味

製造強国を実現させる三段階計画

「中国製造二〇二五」は、「製造強国を建設するために、眼前の得難い機会を掌握し、積極的に挑戦に対応し、統一計画を強化し、イノベーションを原動力とすることを突出させ、特別な政策を制定し、(社会主義)制度の優勢を発揮し、社会の全ての力を動員して奮闘努力し、中国の設備とブランドにより多く依拠し、中国製造から中国創造(イノベーション)への転換、中国速度(大量生産)から中国品質への転換、中国製品から中国ブランドへの転換を実現し、中国製造を『大』から『強』へと変化させる戦略的任務を完成させる」と述べて、中国共産党の政策に中国全体を従わせるとしている。

そして、中国お得意のスローガンである五つの方針と四つの基本原則を掲げる。五つの方針を見れば、習指導部の問題意識が理解できる。最初に、「イノベーションを原動力とする」ことが掲げられるのは、中国の、自らのイノベーション能力が低いという認識を反映したものだ。さらに、「品質を第一とする」「環境に優しい（緑色）発展をする＝持続可能な発展」「構造を優れたものにする」「人材の配置・教育を基礎に置く」と続く。その上で、「国情に立脚し、現実に立脚し、『三歩で行く』を通して、製造強国という戦略目標を実現する努力をする」としている。つまり、三段階の発展計画である。

中国の計画は三段階であることが多い。一九八〇年代半ばに中国海軍の父と呼ばれる劉華清が指示した海軍発展計画も、有人宇宙探査も、月面探査もそれぞれ三段階で計画されている。また、中国版ＧＰＳである北斗システムの構築も三段階で進められた。中国の発展計画が三段階であることには意味があるのだ。

製造強国という戦略目標を実現する第一歩（第一段階）は、一〇年間の努力をもって製造強国に列することである。二〇二〇年までに、「工業化を基本的に実現し、製造業大国の地位をさらに固め、製造業情報化のレベルを大幅に向上させる。重点領域のキー・テクノロジーを掌握し、優勢である領域では競争力を一段と増強し、製品の質を大幅に向上させる。製造業のデジタル化、ネットワーク化、インテリジェンス化を明確に進展させる」とし、二〇二五年までに、「製造業全体のレベルを大幅に向上させ、イノベーション能力を強化し、労働生産性を向上させ、『両化（工業化と情報化）』の融合を新たな段階に押し上げる。重点産業の単位工業付加価値あたりのエネルギー消費・原料消費・汚染物排出を

図3-1　中国製造2025の三段階発展計画

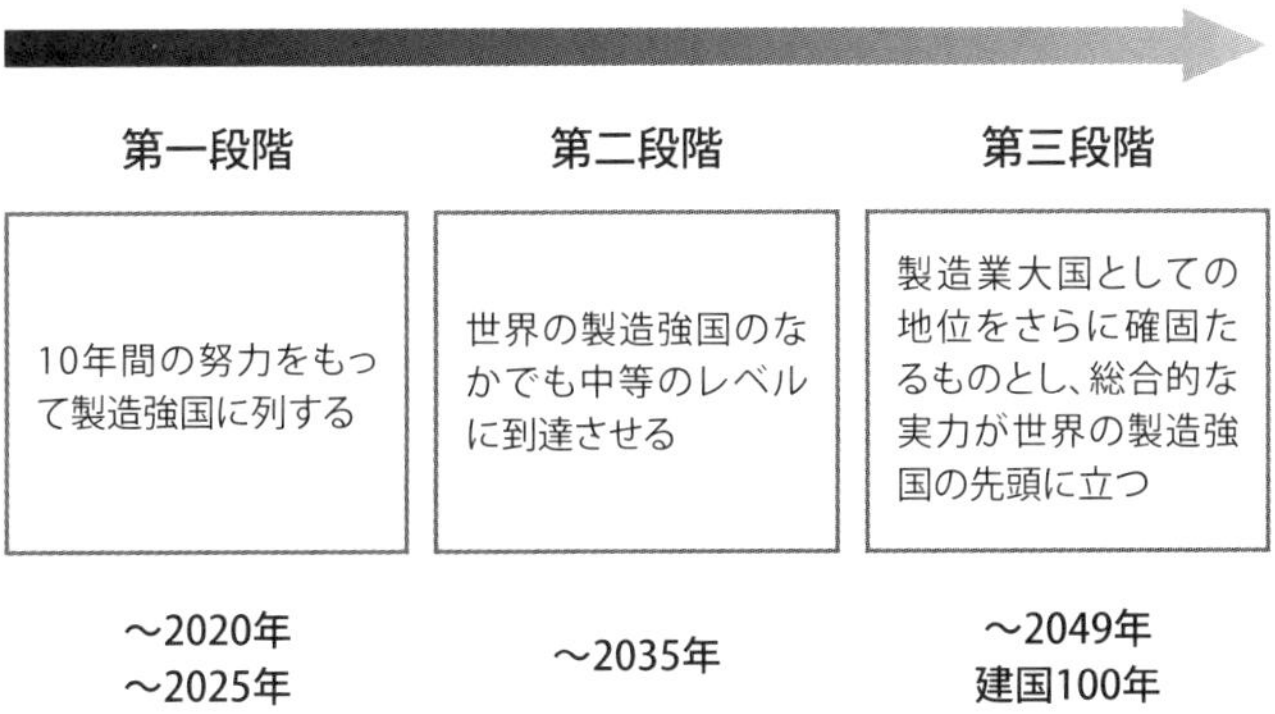
第一段階
10年間の努力をもって製造強国に列する
～2020年
～2025年
第二段階
世界の製造強国のなかでも中等のレベルに到達させる
～2035年
第三段階
製造業大国としての地位をさらに確固たるものとし、総合的な実力が世界の製造強国の先頭に立つ
～2049年
建国100年

（出典）中国政府発表資料などを基に著者作成。

世界の先進レベルに高める。国際競争力のある複数のグローバル企業と産業クラスターを形成し、世界の分業とバリューチェーンにおける地位を向上させる」としている。

第二段階は、二〇三五年までに、中国製造業全体を、世界の製造強国のなかでも中等のレベルに到達させることを目標にしている。具体的には「イノベーション能力を強化し、重点分野の発展でブレイクスルーを実現し、全体の競争力を向上させ、優勢な業種が世界のイノベーションをリードする能力を形成し、工業化を全面的に実現する」という。

第三段階は、中華人民共和国建国一〇〇年（二〇四九年、「二つの一〇〇年」の内の一つ）を迎えるときに、製造業大国とし

ての地位をさらに確固たるものとし、総合的な実力が世界の製造強国の先頭に立つことを目標にする。製造業の主要な分野でイノベーションをリードする能力と明確な競争優位を持ち、世界をリードする技術体系と産業体系をつくり上げるという。

計画の期限には政治的な意味が含まれる

三段階のそれぞれの目標を並べて見てみると、第三段階の内容は、第一段階および第二段階の内容に比べて抽象的で、具体性に欠ける。**中国が計画を立てる際に用いる期限は、多くが政治的意味を含んでいる。最も多く用いられるものの一つが「二つの一〇〇年」であろう。**「二つの一〇〇年」とは、中国共産党結党一〇〇年の二〇二一年と中華人民共和国建国一〇〇年の二〇四九年を指す。キリの良いところで、二〇二〇年と二〇五〇年、あるいは「今世紀半ば」とされることも多い。

「中国製造二〇二五」の戦略目標にもこの二つの時期が用いられている。第一段階では、単純に二〇二五年とせずにわざわざ二〇二〇年も期限として用いていることに政治的意味もある。習主席をはじめ中国共産党中央が「新時代」を連呼するのも、二〇二〇年には鄧小平の指示が完成され、次の目標を掲げなければならないからだ。二〇二〇年は、中国共産党にとって重要な節目なのである。

そして、二〇五〇年には、中国が米国に比肩する大国になることを目標にする。ある意味で、「中華民族の偉大な復興」を完成する中国のゴールでもある。「中国製造二〇二五」でも、「製造業大国としての地位をさらに確固たるものとし、総合的な実力が世界の製造強国の先頭に立つ」としている。また、軍備増強においても、今世紀半ば（二〇五〇年頃）に世界一流の軍隊にするという目標を掲げている。米軍に比肩する軍隊という意味だ。

しかし、二〇五〇年までに達成するとしている多くの目標は抽象的である。中国にとって、二〇五〇年は種々の予想をするには遠過ぎるのだ。二〇二〇年から二〇五〇年の間の三〇年が長過ぎるゆえに、最近になって、その間に二〇三五年という新たな期限が切られはじめたということだろう。中国が具体的に見通せる将来は一五年程度であるとも考えられる。

中国は、自らの弱点を理解している。中国は、自らの経済発展が「新常態」（高度成長期を過ぎ、緩やかにかつ確実に成長する状態を常態とすること）に入ったことが、製造業の発展に新たな挑戦を投げかけていると認識している。中国の経済発展はすでに減速しているのだ。

「中国製造二〇二五」では、「経済発展の減速に伴って資源と環境の制約が強まり、労働力など生産要素のコストは高くなり、投資・輸出の成長率は大きく鈍化し、資源要素投入で規模を広げるだけの粗放型発展モデルでは立ち行かなくなり、構造調整や転換・アップグレード、品質や効率の向上が今すぐに求められている」と述べている。

現在の経済モデルを強制的にでも変えるということは、現在の経済モデルで利益を得ている既得権益層の反発を抑え込むということでもある。習主席が、「反腐敗」などを用いて、徹底的に中国国内を締め上げたのは、習主席と党中央の権威を相対的に高め、経済構造改革に対する反発を抑え込むためでもあったのだ。

4　次世代ＡＩ発展計画

ＡＩで中国の弱点を補完する

中国は、二〇一七年七月に「次世代ＡＩ発展計画」を発表した。**この計画ではＡＩを「国際競争の新たな焦点になり、将来をリードする戦略技術」と位置付け、ＡＩ産業発展に関する三段階の戦略を描いた。**これは、中国の弱点を補完するものとしてＡＩを捉えていることを示唆している。また、「中国製造二〇二五」を補完するものであるともいえる。

「ＡＩは経済発展の新たなエンジンである。ＡＩは、産業革命の中核となる原動力として、これまでの科学技術革命と産業革命が蓄積した巨大なエネルギーを放出し、併せて新しい強大なエンジンを創造し、生産、分配、交換、消費などの経済活動の各環節を再構築し、マクロからミクロに至る各領域におけるインテリジェント化の新しい要求を形成し、新技術、新製品、新産業、新業態、新モデルを生み出し、経済構想の重大な変革を引き起こし、人類の生産生活方式と思考モデルを深刻に変更し、社会生産力全体の向上を実現する。我が国経済発展が『新常態』に入り、供給側の構造改革を深化させる任務は極めて大きく、ＡＩの応用を加速し、壮大なＡＩ産業を育成し、我が国経済発展に新たなエネルギーを注入する必要がある」とあるのだ。

社会主義国である中国は、都合の良い部分だけは市場経済を取り入れ、国家戦略を遂行するにあたっては、権威主義国家の本領を発揮して既得権益を抑え込み、経済構造を強制的に変更しようとしてきた。中国は、経済状況が悪化して以降も経済発展を継続するため、強制的に構造改革を行い、それでも存在する弱点を、ＡＩを用いてカバーしようとしているのだ。

そして、ＡＩがカバーする中国の弱点は、経済の分野だけではない。中国は大き過ぎてこれまで全てが管理されることは難しかった。中国共産党を含め、中国を統治する者は、全ての人民を管理できないことに恐怖を感じてきた。自らの権威が失墜し、社会が不安定化すれば、自らの統治が暴力的に覆されることを理解しているからである。**ＡＩは、監視カメラやオンライン決済を通じて得られる全ての人民の情報や行動を管理できる可能性を持ったものなのだ。**

また、中国では、急速な武器装備品の開発に軍人の養成が追い付いていない。ＡＩは、軍事的な弱点をカバーするためにも利用されはじめている。欧米先進諸国を中心とした国際社会において、ＡＩ兵器を使用することについての倫理上の問題も指摘されている。しかし、中国は欧米諸国と倫理観を共有していない可能性もある。

中国が、５Ｇを支配して産業革命を起こし覇権を握ろうとするのは、中国共産党による統治を確固たるものにしようとする試みでもある。新しい技術は全て、中国共産党の統治のために用いられるのだともいえる。

中国は、欧米諸国とは異なる倫理観に基づいた行動を批判されることを恐れている。国際社会から孤立してしまっては、中国は影響力を及ぼせなくなってしまうからだ。影響力を失えば、中国が望む国際環境を創出する試みも頓挫し、中国の発展もおぼつかない。そのため中国は、中国に対する各国の支持を得られるよう、世論工作に励んできたのだ。それが、中国のパブリック・ディプロマシーである。

米中の覇権争いが本格化する

中国は、自国の安全保障戦略の一つに、「三戦」（「世論戦」「法律戦」「心理戦」）を掲げる。三戦の目的の一つは、経済や文化交流、人的交流を通じて、海外の世論にアプローチし、敵の戦闘意思を取り除き、中国寄りに仕向けることである。つまり、パブリック・ディプロマシーは、中国の外交・安全保障戦略にとって重要な手法の一部であるといえる。
他方、最近の中国の意識は、ソフトパワーの普及よりも一つ先の局面に移ったと考えられる。それが、習主席の肝いりの産業政策「中国製造二〇二五」である。米国は、この戦略で重視するところの中国の経済目標が、米国の地位を塗り替え、世界のネットワークや情報が制圧されることを恐れているのだろう。自国の命運をかけた戦略目標を達成すべく、中国はこれまで以上にあらゆる手段を講じて米国世論に働きかけ、情報を操作・窃取するようになったと考えられる。

これが、**中国のパブリック・ディプロマシーを展開する従来の理由と、今日的な理由である。中国は、米国と衝突しないよう、米国が中国に対して警戒感を抱かぬようにパブリック・ディプロマシーを用いて米国の世論に働きかけながら、その一方で、米国に並び、それを超える世界強国になるための具体的な計画を進めているのだ。**

しかも、その計画は、権威主義国であればこそ実行できる、国内の資源を動員する強制力を伴ったものである。米国が、中国が覇権を狙うと考えるのは当然だろう。そこでまず、米国社会に対する中国の世論工作が排除されはじめたのだ。

しかし、中国のシャープパワーが排除されたからといって、中国が抑え込まれたわけではない。まさにこれから、米中の覇権争いが本格化するのだといってもよい。

第4章

米中新冷戦の幕開け

1　エスカレートする米中貿易戦争

関税引き上げによる報復合戦

中国のシャープパワー行使に対する米国の態度の変化は劇的であった。その結果、中国のシャープパワーが米国から排除され、米中間で繰り広げられる圧力や牽制などの対立行動が貿易戦争と呼ばれる状況に発展し、さらに政治戦の様相を呈してきたのだ。

二〇一八年三月、トランプ政権は、安全保障上の利益の保護を理由に鉄鋼とアルミニウムの関税を引き上げる輸入制限を発動した。これに続き、四月に入ると、中国の知的財産権の侵害への対抗措置として、追加関税を課す約一三〇〇品目のリストを公表した。

中国は、対抗措置として米国産豚肉など一二八品目に対する報復関税を即座に発動し、後者についても大豆や自動車など一〇六品目を報復関税の対象とすると発表している。

実際、米国による第一次追加関税（第一弾）は、二〇一八年七月六日、中国からの三四〇億ドル相当の自動車やロボットなどの輸入品八一八品目について二五％が賦課された。

中国は、直ちに報復措置を採り、米国からの三四〇億ドル相当の大豆など農産品や自動車に対して二五％の追加関税を賦課した。同年八月二三日には、第二弾として、米国が一六〇億ドル相当二七九品目の中国からの輸入品に二五％の追加関税を賦課した。

この二七九品目には、中国の通信機器製造業にダメージを与えることが予想される半導体などが含まれている。これに対して中国は、同額の一六〇億ドル相当の米国からの自動車関連製品や鉄鋼製品に二五％の追加関税をかけて報復した。こうした状況は、まず中国国内で、米中貿易戦争と呼ばれるようになった。

さらに、米国は、第三弾となる中国からの輸入額二〇〇〇億ドル相当分六〇三一品目を対象として、同年九月二四日から暫定措置として一〇％の追加関税を賦課した。

この頃から、中国側に手詰まり感が見えてくる。米国の第三弾に対して、中国の新たな対抗措置は、約六〇〇億ドルに相当する五二〇七品目の米国製品しか対象にできなかったのだ。関税率も、品目によって五％〜一〇％としている。

中国は、最大となる二五％の追加税率を適用する品目にＬＮＧ（液化天然ガス）を含めたことをもって、「二〇一七年一一月にトランプ大統領が訪中した際の成果を白紙に戻すという政治的な警告だ」としている。しかし、米国の二〇〇〇億ドルに対して中国が六〇〇億ドル分の報復リストしか示せなかったことから、中国が劣勢に立たされていると捉え

図4-1　米中貿易戦争の制裁・報復関税

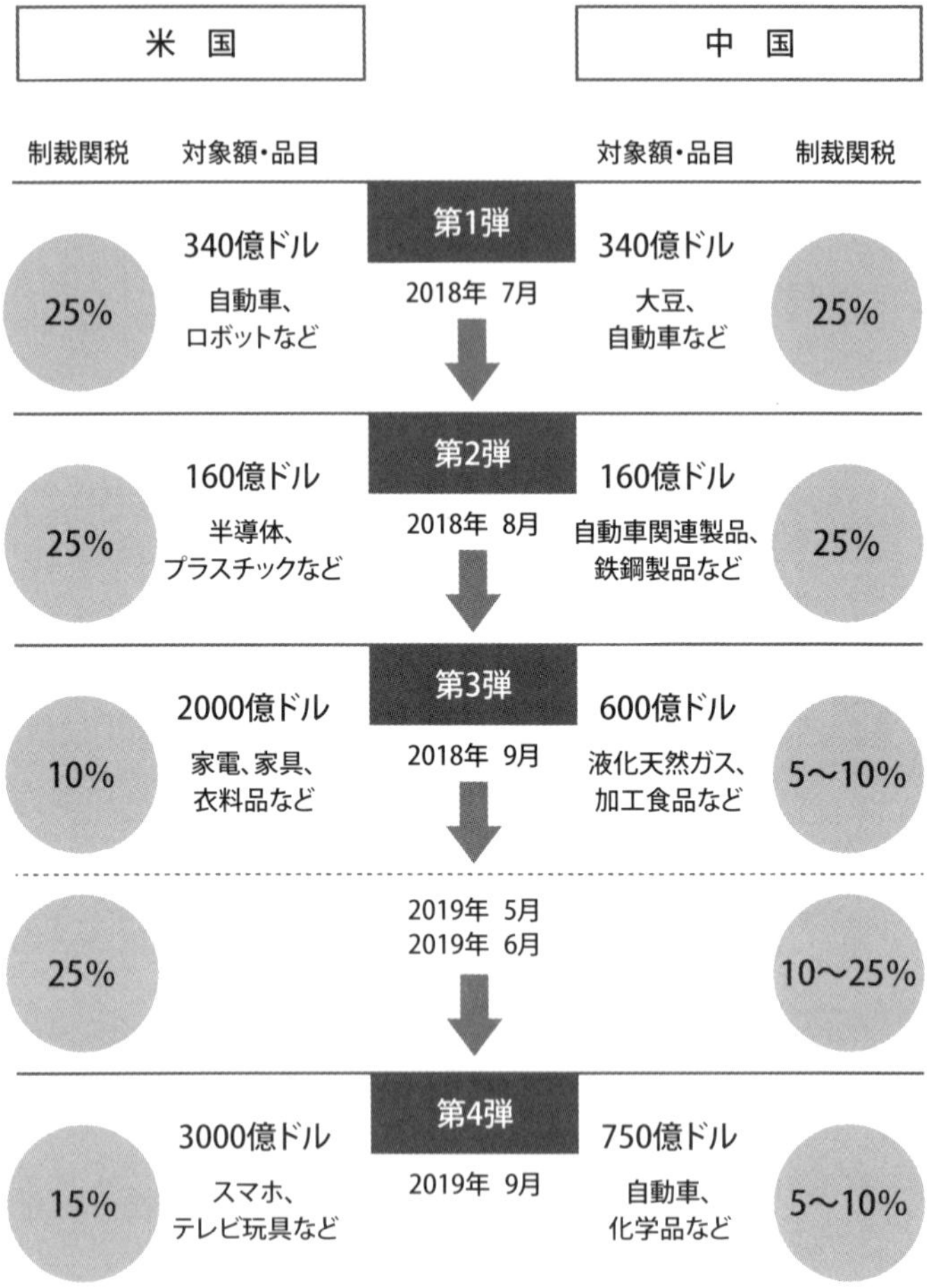

（出典）報道資料を基に著者作成。

られても仕方ないだろう。

そして米国は二〇一九年五月一〇日、二〇〇〇億ドル分の中国製品に対する追加関税を二五％に引き上げ、第三弾を全面的に適用した。これに対して中国は、六〇〇億ドル相当の米国からの輸入品への追加関税率を六月一日から最大二五％に引き上げた。

さらに、トランプ大統領は八月一日、中国からの輸入品のほぼ全てに制裁関税を拡大する第四弾を発表した。九月一日から残りの三〇〇〇億ドル相当に一〇％の追加関税を課すとしたのだ。実際、同日に第四弾のうち約一一〇〇億ドル相当の中国製品への追加関税を発動した。中国も報復措置として、約七五〇億ドル相当の米国製品に段階的に五～一〇％の追加関税を発動した。

トランプ大統領は八月二三日、中国製品二五〇〇億ドル分に対して二〇一八年に発動した制裁関税を一〇月一日に、二五％から三〇％に引き上げると発表した。米国の中国に対する経済的圧力はまだ強くなり続けているのだ。

中国が強硬姿勢に出る理由

中国は米中通商協議において譲歩を重ね、米中両国は一五〇ページ近くに及ぶ合意文書案の作成に漕ぎ着けていた。

二〇一八年七月頃から、中国国内では習主席の側近たちが批判され、習主席の権威が低下したともいわれており、習政権の経済政策や強硬な対米政策が批判されたことも、中国の対米政策に影響を与えた可能性がある。しかし、中国の内政は複雑である。中国は再び、米国に対して強硬な姿勢を示しはじめたのだ。

中国政府は、貿易慣行の抜本的是正策を盛り込んだ米中貿易交渉の合意文書案の全七章に修正を加えて、米国側に提示した。大幅修正を要求する中国に米国は反発し、トランプ大統領は対中制裁関税の二五％への引き上げを表明し、同年五月一〇日に実行に移された。

中国が強硬姿勢に出たのは、米国の要求が中国の政治体制を揺るがしかねないと考えたからでもある。中国政府は、知的財産・企業秘密の保護、技術の強制移転、競争政策、金融サービス市場へのアクセス、為替操作の分野で、米国が強い不満を示していた問題を解決するために法律を改正するとの約束をしていた。ところが、これを撤回したのだ。

中国側の交渉担当であり、習主席の経済ブレーンでもある劉鶴副首相は、ライトハイザー通商代表とムニューシン財務長官に対し、「中国が行政上・規制上の変更を通じて約束を果たすので信頼してほしい」と述べている。中国共産党は、法律によって縛られることを嫌い、これまでどおり恣意的に経済を運用したいといったのである。米国はこの申し出を却下した。米国の第三弾、第四弾の追加関税の立て続けの発動は、こうした中国の態度を受けてのことだ。

中国は、日本や欧米先進国が考えているような市場経済ではない。たとえば、中国のバブルがはじけるといわれて三〇年以上が経過してもはじけないのは、中国国内で金融に対する不安が起こらないからだ。国民は、国家あるいは中国共産党が金融を含む経済を管理しているのだから安心だと思っている。万が一、中国の財政を不安に思う人たちが現れて、銀行に対する取り付け騒ぎを起こしても、彼らは直ちに拘束されるだろう。そして翌日には、国民の不安を煽るデマを流した人間の逮捕に関するニュースが流れるかもしれない。

中国の市場経済の循環は閉じていないのだ。公表されている経済指標は信頼性に欠けるという分析もあるし、経済状態が悪化しても、国民や企業の経済活動に影響が出る前に中国共産党が介入して連鎖を断ち切る。

中国共産党の権威が保たれている限り、中国で経済危機は起こらない。問題は、中国共産党の権威が失墜したときだ。国民が中国共産党統治に対する信頼を失い、社会が不安定化すれば、中国の政治体制は崩壊しかねない。

2 中国共産党指導部に衝撃を与えたZTE事案

白日の下に曝された米国との実力差

中国は、米国との冷戦は起こらないと主張しているが、それは、米中新冷戦が固定化しつつある現状に対する危機感の裏返しでもあるだろう。このまま米国の圧力を受け続ければ、中国経済が受けるダメージは計り知れない。

政権を審判する選挙というシステムを持たない権威主義国家の中国において、国民が中国共産党の統治に「ノー」を突き付けるためには暴力的な手段に頼らざるを得ない。だからこそ、中国指導部は、中国社会が不安定化することを極端に恐れる。中国国内にある数々の社会問題を取り上げたり、中国共産党指導者を批判したりすれば、その人は、国民の不安を煽り、社会を混乱させ、国家の安全を脅かしたとして、逮捕されるか当局に拘束される。「国家の安全」とは「中国共産党の安全」という意味だ。

この意味において、中国指導部が危機感を高める米国の対中圧力は追加関税だけではない。中国共産党指導部および中国国民に衝撃を与えたのがＺＴＥ（中興通迅）事案である。二〇一八年四月一六日、米国商務省は、ＺＴＥが過去にイランなどへ通信機器を輸出していたことなどを理由として、米国企業にＺＴＥとの取引を禁じると発表した。この直後、中国国内では、米国の「傲慢な」態度に対する反発が起こり、米国企業との取引など止めてしまえという声さえ上がった。しかし、米国の制裁によって、ＺＴＥは倒産の危機に陥ることになる。早くも四月二〇日、ＺＴＥの総裁は、訴えるような口調で「この禁止令によってＺＴＥはショック状態に陥っている」と語り、中国共産党指導部のみならず、中国社会にも大きな動揺を与えた。

ＺＴＥ事案が中国社会に動揺を与えたのは、この事案が、突然、中国指導部が人民に信じ込ませてきた「強大な中国」の姿は虚構に過ぎないことを暴露してしまったからだ。「中国と米国の実力差」という真実が白日の下に曝され、中国の脆弱性やその潜在的な危険が中国人民に理解されてしまったのである。中国共産党指導部の言葉を信じ、「我が国は素晴らしい」と酔っていた人々は、久しく感じたことがなかった衝撃と屈辱を感じたのだ。中国が強くなったと信じていただけに、裏切られた衝撃は大きかっただろう。

米国の対中追加関税だけであれば、情報操作などによってその影響を隠蔽し、当面の間、問題を先送りできたかもしれない。しかし、米国企業との取引を禁止されただけで、中国の大企業、特に中国経済の将来を担うハイテク通信機器の大手企業が倒産の危機に追い込まれ、米国政府に許しを請う姿は、隠しようがなかった。中国共産党の権威が失墜して社会をコントロールできなくなったら、中国共産党一党統治システムの危機である。

結局、ＺＴＥは米国の要求を全てのんだ。米国商務省の発表によれば、ＺＴＥは制裁解除と引き換えに罰金一〇億ドルを支払う他、別に四億ドルを供託する。さらにＺＴＥは経営陣の刷新にも応じたのだ。ＺＴＥは、米国に制裁を解除してもらって倒産の危機を免れることができた形だが、米国内には「中国メーカーは中国政府の情報収集に協力している」との不信があり、ＺＴＥの制裁解除への反発も強く残った。

ファーウェイ副会長兼ＣＦＯの拘束

米国のターゲットはＺＴＥだけではない。米国は、より大きなターゲットを狙っている。ファーウェイ（華為技術）だ。ファーウェイは、ＺＴＥと同じく中国のハイテク通信機器大手であるが、ＺＴＥが国営企業であるのに対し、ファーウェイは、人民解放軍の技術系の軍人が退役して設立した民間企業である。

遅くとも二〇一八年四月の段階で、すでに米司法省やＦＢＩ（米連邦捜査局）が、ファーウェイに対して、ZTEと同様の容疑で調査の手を入れていたことがわかっている。市場では、ZTEに対する制裁と同様の制裁がファーウェイにも科されると予想された。しかし、トランプ政権は、経済制裁を加えると同時に別の行動も起こしていた。

二〇一八年一二月一日、カナダでファーウェイの副会長兼CFO(最高財務責任者)、孟晩舟が拘束された。ZTE同様、対イラン制裁に違反したとして、孟について、米国政府がカナダ政府に身柄拘束と米国移送を要請していたのだ。中国国内で孟が貿易摩擦の「人質にとられた」などと反発の声が沸き起こった。米国が、単に対イラン制裁に違反したという理由だけでZTEやファーウェイに制裁を科していることは、中国でなくとも信じることはできないだろう。

さらに、米国には、ファーウェイの中国共産党に対する情報提供

2019年5月8日、カナダ・バンクーバーの裁判所を離れるファーウェイ副会長兼CFOの孟晩舟(中央)。AFP=時事

などの違法工作の実態を、孟に証言させたいという思惑もあると考えられる。そのためにも、米国は、カナダに対して孟の早期引き渡しを求めている。

こうした米中間のハイテク機器や技術をめぐる対立の状況を、「米中ハイテク冷戦」と呼ぶメディアも現れた。しかし、本来、「冷戦」という表現は、個々の分野に用いるものではなく、大国同士のより広範な領域における争いの総称として用いられるものである。

対中強硬姿勢を鮮明にした国防授権法二〇一九

米中両国間の競争は、単に市場原理に基づいて行われているわけではない。中国が、市場経済のうち、中国の経済発展にとって有利な部分だけを恣意的に導入してきたことは、米国などの批判によって明らかであるが、米国も、ハイテク製品および技術が中国へ流出することを防ぐ輸出規制や、対米投資制限の強化を進めてきた。

国防授権法二〇一九が、二〇一八年八月一三日、超党派議員の賛成とトランプ大統領の署名で成立した。国防予算を過去九年間で最大規模に積み増すなど、トランプ政権が掲げる米国の軍事力強化を色濃く反映している。

また国防授権法二〇一九は、対中強硬姿勢を鮮明にしている。ZTEとファーウェイ、監視カメラ大手など中国五社から、米国政府機関が製品を調達するのを二〇一九年八月から禁じる。二〇二〇年八月からは、これら中国五社の製品を使用する企業との取引も打ち切る。環太平洋合同演習（リムパック）から中国を排除し、台湾への武器供与を進める。

さらに、国防授権法二〇一九の肝は、中国を念頭に米国技術の流出を防ぐルールを法律として内包していることである。輸出規制の強化を図るＥＣＲＡ（輸出管理改革法）と、ＦＩＲＲＭＡ（外国投資リスク審査近代化法）の二つを盛り込んで国防授権法を成立させたのだ。

投資規制では、外国企業の対米投資を審査するＣＦＩＵＳ（対米外国投資委員会）の機能を強化した。外国企業による米国企業への少額出資や合弁会社設立に加え、軍事施設や空港、港湾に近い不動産の取得も審査対象としている。

米国が、市場原理によってではなく、政治的理由を基に法的手段を用いて中国の製品を米国および同盟国の市場から締め出そうとするのは、市場のブロック化の動きに他ならない。市場のブロック化は、冷戦構造の特徴の一つである。しかも、**米国は、単に経済的権益を得るためだけに中国製電子デバイスを自らの市場から排除しようとしているわけではない。そこには、安全保障にもかかわる政治的な理由が存在するのだ。**

3 米国と中国は価値観を共有できない

中国共産党の権威が全てを超越する

中国指導部や企業からすれば、米国の禁輸措置は不公平に見えるかもしれない。しかし、中国共産党指導部が国を挙げてファーウェイを支援する姿勢を示したことにも現れているように、中国の企業が中国共産党の管理下にあることが問題なのである。

米国が警戒感を高めている情報流出の問題は、中国企業の意図や経済活動の問題というよりも、中国の政治体制の問題である。権威主義国家である中国では、中国共産党指導部から要求されれば、中国企業が情報提供などの協力を拒むことができないからだ。

日本や米国のような民主主義国では、政府を監視し審判を下すことができる選挙というシステムがある。国民が選挙を通じて、政府に対する支持不支持の意思表示をし、政権を交代させることも可能だ。しかし、中国では、中国共産党の権威が全てを超越する。これは、中国の憲法に明記されている。中国指導部の決定や行動を止めることができる者は、

2019年6月29日、大阪サミットに合わせて開かれた米中首脳会談に臨むトランプ大統領（左）と習近平主席。AFP＝時事

中国国内に存在しないというわけだ。こうした中国の政治体制が、米国の対中不信感の根底にあるのだといえる。

米国と中国の対立が、経済的な問題を越えて、安全保障の問題にまで発展している背景には、両国の政治体制の根源的な差異があるのだ。**米中間の対立は、市場のブロック化であるとともに、政治体制間の競争でもあることが、米中新冷戦が構造化されようとしているとする理由なのである。**米国と中国は、異なる政治体制を持ち、双方の考え方は相容れない。現在の米国と中国は価値観を共有できないのだ。

二〇一八年一二月、ＦＢＩのカウンターインテリジェンス部（防諜部門）の課長補佐が、米上院において、「中国政府は、米政府と価値観を共有していない。そして、ここ数年の間に中国が制定してきたサイバーセキュリティの法律は、中国当局が通信データやサイバー企業のユーザーデータにアクセスできるようにしている。ファーウェイが、世界的に拡大しつつあり、その企業が所有するデータを中国政府が利用できるようにするということを理解する必要がある。それが非常に懸念される」と証言した。

米国からすれば、米国などと価値観を共有しない中国の行為が米国などの安全を脅かしていると認識されるのである。悪いと思っていない相手に口でいっても納得させることは難しい。米国は力ずくでも中国に要求をのませるということだろうか。

貿易戦争から軍事力行使へ移行するのか

こうした状況を見れば、現在の米中関係が、冷戦を定義する三つの条件（イデオロギーや価値観が根本的に違う、軍拡競争が継続する、世界の覇権を争う）のうち、第一の条件に合致していることが理解できる。米国と中国の間で冷戦構造ができあがってしまうのかどうかは、米国と中国の認識にかかっている。

米国と中国が、現在の状況を政治体制間の競争と捉え、利用できる全ての手段を用いて、

相手に対して優位に立とうとすれば、冷戦構造が固定化される可能性は高くなる。そして、少なくとも、米中両国は米中冷戦構造を意識しているのだ。

米国は、中国が先に冷戦をしかけたと認識している。ＣＩＡ（米中央情報局）高官のマイケル・コリンズは、二〇一八年七月に行われた安全保障フォーラムにおいて、「習政権が米国に対して『冷戦』をしかけている」と中国を非難した。ＦＢＩの高官や国家情報長官らも、米中冷戦についてコリンズと同様の見解を示している。同年八月に成立した国防授権法二〇一九にも、米国の中国強硬姿勢が強く現れている。

米国は、経済から安全保障分野まで、全面的に中国がしかけたシャープパワーを排除しにかかっているのである。その排除の動きは、分野ごとではなく、同時進行しているのだ。

米中対立が異なる価値観を持つ二国間のものであるとすれば、その対立は構造的なものである。いずれかの価値観が変わるという根本的な解決をみない限り、米中対立が解消されることはないのかもしれない。

ソフトパワーの行使からはじまった自国の利益確保のための中国の活動は失敗しつつあり、米中対立の舞台は経済分野へと移行しはじめた。さらに、米国の軍事力行使を恐れる中国は、米国の妨害をはね除けるためにも、急速に軍備増強を進めている。今後、米中対立は、よりハードな手法を用いたものになっていく可能性がある。

4 「新冷戦」は「冷戦」とどう違うのか

米国とソ連の合意で決定された冷戦構造

中国のシャープパワーが米国で警戒され排除されはじめて以降、米国と中国の対立は政治戦の様相を呈し、両国関係は米中新冷戦ともいえる構造を示しつつあると述べてきた。「新冷戦」という表現は、自己予言的であるとして、メディア以外では使用を避けられる傾向にある。しかし、米中新冷戦は、狭義の冷戦、すなわち米ソ冷戦と同一のものではない。そのため、「新」冷戦と呼ぶのである。

米中新冷戦と米ソ冷戦には、いくつかの大きな違いがある。その第一は、主要なアクターの数である。米ソ冷戦時の主要なアクターは、米国とソ連のみであった。種々の「代理戦争」と呼ばれる衝突は起こったものの、基本的な構造は米国とソ連のパワーバランスと合意によって決定された。

たとえば、米国とソ連は、相互の核抑止を、大量破壊兵器である戦略核兵器による相互確証破壊に委ねた。米国とソ連双方の利益になり、両国の合意さえできれば、ルールは確立したのである。反対に、米ソ両国が合意しなければ、軍備拡張競争は果てしなく拡大し、そのコストによって共倒れしていたかもしれない。

そして、一九八〇年代に入ってソ連の体力（経済力）が衰えたとみると、レーガン政権はＳＤＩ（戦略防衛構想、通称スター・ウォーズ計画）を提唱して、改めてソ連に対して軍備拡張競争をしかけ、その結果、ソ連は競争に敗れて崩壊し、冷戦が終結したともいわれる。

話を元に戻すと、米国とソ連は、相互確証破壊の考えに基づいて、ともに中距離弾道ミサイルの保有を止めることで合意し、ＩＮＦ全廃条約を結ぶことができた。ＩＮＦ全廃条約を結んだ当時、米国とソ連は、他のアクターを気にする必要はなかったのだ。

冷戦終結後も米国とロシアの間でＩＮＦ全廃条約は維持されたが、一九九〇年代初頭にイスラエルが準中距離弾道ミサイルを配備し、二〇〇〇年代後半になってＩＡＥＡ（国際原子力機関）がイスラエルを核保有国と位置付けるようになると、ロシアは危機感を高める。自国を攻撃可能な核兵器が出現したからだ。そのため、ロシアは米国に対してＩＮＦ全廃条約の枠組みを拡大するよう働きかけたが、米国にとっての脅威は存在しなかったために、これに応じることはなかった。

異なる複数のアクターの出現

二〇一九年二月一日、トランプ大統領がＩＮＦ全廃条約からの離脱を正式に表明したのは、米国に対して中距離核戦力を用いた脅威を与えるアクターが出現したからだ。中国である。

中国は、ＩＮＦ全廃条約の枠組みの外で、自由に中距離核戦力の増強を図ってきた。中国の中距離弾道ミサイル能力の向上は、対艦弾道ミサイルへの発展、極超音速兵器の搭載などによって、グアム島における米軍基地や西太平洋に展開する米海軍空母打撃群などを攻撃する能力を中国に保有させるに至った。

一方の米国は、はじめて米海軍のアジアへのアクセスを阻止される可能性を考慮する必要に迫られるようになったのだ。米国にとっての安全保障の根幹が揺るがされる事態である。米国は、この状況を許容することはできない。

ロシアもかつてのソ連ではなくなっている。ロシアはすでに経済的にはメジャー・パワーあるいはグレート・パワーと呼ぶことができないほどに弱くなっている。米国とパワーバランスを確立できないロシアが国際社会あるいは地域において影響力を行使するためには、米国に対して非対称戦をしかけなければならなかった。

これまで米国は、冷戦時代の枠組みに則って武器体系を構築していた。そこには、いくつも穴があったのだ。それは米国とソ連の、明文化された、あるいは暗黙の了解に基づくものだった。ロシアは、米国が効果的な対抗手段を持たない、こうした穴を衝いてきた。それが、米国の「ロシアは長きにわたり条約に違反してきた」という主張につながっている。

トランプ大統領は、すでに二〇一八年一〇月、ロシアによる新型ミサイルの開発・配備などの条約違反や、非締約国である中国の中距離ミサイル戦力に対抗することを理由にＩＮＦ全廃条約から離脱する方針を表明していた。**中国や現在のロシアといった、米ソ冷戦時代とは異なる複数のアクターの出現は、米中新冷戦の構造に与えられる影響の複雑さを意味する。**

さらに米国は、中国とロシアを「修正主義国家」と非難する以外にも、イランや北朝鮮を「ならず者国家」と名指しし、抑え込む意図を明確にしている。新しいアクターのゲームへの参加は、ゲームの構造を複雑化させるだけでなく、ゲームのルールを変えることにもつながる。その最たるものが、核抑止のルールだろう。

すでに、相互確証破壊に基づく抑止だけでは不十分になっている。相互確証破壊の考え方の基になるのは「使えない核兵器」である。その破壊力の大きさを恐れるからこそ、大量破壊兵器を保有する米ソの間で抑止が成立した。

しかし、冷戦終了後、米国一国が他国を圧倒する軍事力を有し、ロシアは冷戦期の枠組みでは米国の軍事力に対抗できなくなり、経済発展の途上にあった中国も対抗できる状況ではなかった。ロシアは、先制攻撃用に核兵器を開発してきた。ウクライナに侵攻した際も、プーチン大統領は戦術核兵器の使用をちらつかせた。ロシアに匹敵する戦術核兵器を持たない米国には有効な対抗手段がないと見切って脅しをかけたのだ。

使用するための核兵器開発

核兵器に関しても、パリティな対抗手段を用いなければならない。少なくとも、米国およびロシア、そして中国はそう考えている。米国も黙っていたわけではない。オバマ大統領は、核軍縮を主張する一方、巨額を投じる「核兵器再生プログラム」を承認した。そして、トランプ政権は二〇一八年二月二日、NPR（核体制の見直し）を公表し、中国やロシアなどに対抗するための「柔軟かつ多様な核戦力」の必要性を強く打ち出した。

「使用するための核兵器」という概念は、従来の抑止の考え方を覆すものである。米国とロシアは、各種の低出力核兵器を開発している。そして、中国もこの開発競争に参加せざるを得なくなる。

新しいアクターの参加は、ゲームのルールを変える。核抑止は、戦略核兵器による大量破壊のレベルだけでなく、戦術核兵器のレベルでも枠組みの構築が必要になるだろう。また、中距離弾道ミサイルを用いた兵器にも多様性が見られるなかで戦域核兵器への配慮も必要になる。核抑止の枠組みは拡大し、ルールはより複雑になるのだ。

中国製品だけを市場から締め出すのは難しい

もう一つの大きな違いは、世界経済の状態である。米ソ冷戦期には、世界経済は、市場経済と社会主義経済に二分され、市場も二分されていた。米国とソ連は、それぞれの経済を率いて対立したのである。しかし、**現在の世界経済は、当時とは比較にならないほどに複雑化している。中国は権威主義国家であり、完全な市場経済であるとはいえないが、世界を覆うサプライチェーンのなかに組み込まれている。**

中国は、ソ連のように独立した市場を率いて、米国が率いる市場から独立しているわけではないのだ。中国の製品だけを市場から締め出すのは難しく、中国の市場を米国が率いる市場から分離するのはより難しいということである。

米国が、中国製の電子デバイスや監視カメラを自国の市場から排除しようとすれば、中国の企業に部品などを供給している米国をはじめとする民主主義国家の企業にも影響が及ぶ。自らの利益が損なわれるとすれば、企業は自国政府の対中経済制裁の政策に反対するだろう。

政府が長期的な戦略を遂行しようとしても、企業は短期的な利益に縛られて政策に反対し、選挙にも影響を及ぼす。企業が、そして個人が、自らの意思にしたがって政府を監視し審判する選挙というシステムを持つ民主主義国家は、同様の価値観に基づく他の民主主義国家を信頼することができるが、権威主義国家のように短期的な利益よりも長期的な戦略を優先することは難しいかもしれない。

権威主義国家は、この民主主義国家の脆弱性につけ込み、シャープパワーを用いて攻撃的な世論工作を行ってきたのだ。

5　やがて政治戦へと移行する

シャープパワーの枠を超えた中国の世論工作

中国のシャープパワーが米国から排除されるようになったからといって、米中間のパブリック・ディプロマシーの相互行使がなくなったわけではない。中国の米国に対するシャープパワーの行使の後に来たものは、中国によるシャープパワーの放棄でもなく、米中間の戦争でもない。シャープパワーを超えて滲み出した、諜報的、外交的、財政的、経済的および、軍事的手段（通常兵力を用いた戦争に至らない他の手段）という多様化された手段の行使である。

現在は、米国が中国に対して政治戦をしかけているようにも見える。それほど米国の攻勢が目立つのだ。米国は、電子デバイスなどの国際市場を二分化する動きを見せ、米中新冷戦を構造化しようとしている。米中間で戦われる政治戦は、文化などのソフトパワーの領域から、経済や軍事といったハードパワーの領域に移行しつつあるのだ。

中国は、米国が必ず中国の発展を妨害すると信じてきた。その妨害には、軍事的手段が含まれる。しかし中国は、現段階で米国との戦争に勝利できないと考えている。戦争に勝利できない以上、米国の軍事力行使回避は中国にとって必須だった。中国は、積極的に文化などのソフトパワーを使用し、対中強硬に傾かないよう米国世論に働きかけてきたのである。しかし、中国が行使するのはソフトパワーではなく、シャープパワーであると定義付けられて批判されると、米国内で中国の世論工作の実態が明らかにされてきた。

すでに述べてきたとおり、中国のパブリック・ディプロマシーに用いられてきた手法はシャープパワーと呼ばれ、米国内から拒否されはじめた。中国が世論工作に用いてきたパワーはソフトパワーからシャープパワーと呼び方が変わったが、**中国の世論工作もまた、すでにシャープパワーの枠を超えて滲み出し、公的な力と民間力、経済力と軍事力をも行使する政治戦の様相を見せはじめている。**

広がる攻防の場、多様化する手段

政治戦とは、米国防総省の定義によれば、「国の目的を達成するための政治的手段の攻撃的使用」を指す。日本では馴染みのない政治戦という言葉の起源は古く、一九五〇年代には、米国の外交官であり政治学者でもあったジョージ・ケナンによって、米国で再び注目されるようになった。

当時の米国で、政治戦という用語は、ソ連の拡大主義者の目的をいかに封じ込めるかという概念で発展している。ケナンが用いた政治戦という用語は、国家の目的を達成するために、軍事的、諜報的、外交的、財政的、通常兵力を用いた戦争に至らない他の手段を採用することを指していた。冷戦と政治戦は、切っても切り離せない関係にあるのだ。

これまで、米国と中国が自らに有利な領域あるいは枠組みで戦うために、それぞれに攻防の場を拡大していると述べてきた。米中の攻防の場は拡大している過程にあり、まだ固まっていないということでもあり、米中新冷戦の構造が確立していないともいえる。しかし、攻防の場が広がり、使用される手段が多様化するにつれ、米中間の対立が政治戦の様相を呈しはじめていることは否めない。

経済面でも軍事面でも米中新冷戦の影響を大きく受け、米中間の政治戦に無関係でいられない日本は、政治戦に対する理解を深める必要がある。まず、米国のシンクタンクであるCSBA（戦略予算評価センター）の報告書の内容を用いながら、政治戦とはどのようなものなのかを整理してみよう。

七〇年前、ケナンは国務省最初の政策計画責任者としての任期中、政治戦を「国家の目的を達成するために、戦争をしかけないまでも、国家の指揮の下あらゆる手段を採用すること」と定義していた。他には、政治戦は同盟国よりもむしろ敵国を対象とした強要のツールであるとか、政治戦は平時の暴力的活動や有事の際の非暴力的活動をも含むといった考え方もある。いずれにせよ、**これらの定義が示す特徴とは、相手国に敵対行為を止めさせるための、戦争に至らない全ての手段の攻撃的使用であるとされていることだ。**

このように、政治戦という概念は新しいものではなく、中国やロシアのみによって行使されるものでもない。米国もかつて、第一次世界大戦中、米国広報委員会が米国の参戦に向けて米国世論に影響を及ぼし敵国のプロパガンダに打ち勝つために使用しており、また、第二次世界大戦ではＣＩＡの前身ともいわれるＯＳＳ（戦略事務局）が使用していたのだ。冷戦期には、政治戦はそれまでの戦争における支援活動としての役割から、米ソ対立の「長い平和」における主要な手法としての役割へと変容を遂げた。

習近平体制の政治戦の三つの目標

しかし、今日では、政治戦をしかける主なアクターは中国とロシアである。中ロは、自らの国益を達成すべく、政策に対する支持者を増やし、ライバル国の気をそらすなどして、諸外国からの反発を阻止し、自らの行動の自由を拡大させている。中ロが展開する政治戦はあらゆる点において似ているといわれている。

たとえば、マルクス・レーニン主義の下で形成された両国の歴史がゆえに、政治戦を標準的な国家のツールと見なし、そのツールを何十年もかけて洗練させてきたことや、中ロがこれまで政治戦を展開してきた最大の理由が、両者が恐れる国内外からの脅威への対抗措置であること、また、組織構造が権威主義体制であるがために最適化されたアクターが多様な手段（経済、政治、軍事、外交、メディア、SNS、教育、一般世論など）を統合し利用することができる、といった特徴である。

現在では、主として米国をターゲットにして政治戦を展開する中国であるが、その戦略的目標は常に同様であったわけではない。戦略的目標は、これまで中国共産党によって段階的に確立されてきたのだ。一九四九年の建国以降、最初の目標は、新レジームを海外からの介入から保護すること、国家経済の構築、国民の社会化、そして国境を接する国々における革命運動のひそかな支援などであり、特に東南アジア諸国に焦点をあわせていた。「平和的共存」という時代であったともいわれる。

しかし、**現在の習体制の政治戦の目標は異なる。一つ目は、中国共産党支配を維持すること、二つ目は、経済成長を続けること、三つ目は、中国の国際的な影響力と名声を構築**

し、諸外国と対等なライバル国として尊重されるようになることである。

そのために習主席は、二一世紀半ばまでに中華民族の偉大な復興を実現するとし、中国に経済的繁栄および影響力を取り戻すと主張している。二〇一七年の第一九回党大会では、「中国の夢」という表現を繰り返して用い、中華人民共和国建国一〇〇年となる二〇四九年までに完全に先進国への仲間入りを果たすと宣言した。

その中国の現在の政治戦におけるターゲットは、主として米国であるが、その同盟国、そして中国の国境の近隣にある国々もそこに含まれる。こうした国々に対する中国の政治戦に係る活動は実に広範囲であり、それには、強制や圧力、賄賂や腐敗、そして欧米諸国を搾取するための、以下のような活動も含まれる。

・民族的な中国のディアスポラの動員
・中国に対する敵対的見解を抑圧するための、外国に居住する中国人留学生による任務の遂行
・中国の世界観に対する理解の普及を促進させるための、大学における教育機関の後援
・中国の利益を支援するために必要な、個人および機関に対する実質的かつ財政的支援およびその他の支援

・西側のメディア界での影響力強化と、それを強要するための大規模な情報運用
・パートナーを強要するための貿易と投資の依存関係の強化
・中国の戦略的目標のために行動する中国系企業の動員
・中国で強い経済的利益を持つビジネスリーダーの採用
・米国および他国における中国の法律の適用
・最先端の技術にアクセスするための西側の研究および他の機関への浸透
・ターゲット国に対する高度なサイバー操作
・西側諸国などに対するスパイ活動
・パワーバランスを変えるための国際的パートナーシップの交渉
・新分野に対する中国の影響拡大のための地理戦略的演習
・対象地域での外国軍の説得、威圧、対決による、戦略的に重要な地域を強制的に占領し、軍事化するための、準軍事および軍事力の多用
・習主席が「魔法の武器」として擁護した政治戦での活動（統一戦線工作部およびその他の機関を通じた指揮統制）の実施

建国当初、中国は、自国の生存のため、あるいは中国共産党の統治を維持するため、自

らが持てる全ての手段を用いざるを得なかったという側面もある。しかし現在では、中国の政治戦は世界強国になるための手段となっている。

政治戦という概念を有していたかどうかは明確ではないが、中国は全ての手段をどのように使えば効果的であるのかを考え発展させてきたのだ。中国は、米国などの民主主義国家に対して世論工作が有効であると考え、シャープパワーを行使してきた。米中両国ともに、その発展の理由や背景が異なるとはいえ、それぞれに政治戦を展開し、発展させてきたのである。

第5章

米中の軍拡競争がはじまるのか

1　泥沼化する安全保障のディレンマ

中国の軍事力は劇的に向上している

米国は、中国のシャープパワーを用いた世論工作を排除するとともに、追加関税をかけたり中国企業との商取引を禁じたりと、中国に対して経済的圧力をかけはじめた。中国は経済的な対抗措置を打ちつつも劣勢である。

中国が劣勢なのは経済分野だけではなく、軍事的にも、まだ米国に及ばないと認識している。米国は、この軍事分野でも圧力をかける。たとえば、中国企業との取引禁止の理由として、情報漏洩という安全保障に関する問題を挙げ、また、台湾問題や南シナ海問題についても軍事力を用いた強い政治的メッセージを中国に送っているのだ。

米国が中国に対して軍事的圧力をかけるのは、急速な中国の軍備増強を牽制するためである。米国は中国の軍備増強に対して危機感を高め、中国に対抗して軍備増強を進めはじめた。中国の軍備増強はそれほどに急速であり、中国の軍事力は劇的に向上しているのだ。

中国では、習政権が、中国は強大になったと喧伝し、中国国民に信じ込ませてきた。中国でいう「強大」とは経済的な意味にとどまらない。中国は、軍事的に強大でなければ世界強国にはなれないと考えているからだ。

中国は、経済発展には軍事力の保護が必要だとも考えている。中国の指導者たちは、軍事パレードによって軍事力を誇示し、中国共産党が強大な軍隊を持つほど中国を発展させたこと、そして、中国の繁栄は軍事力によって護られることを国内外に示してきた。また、中国が発展し続けるためには、国際社会のルールも中国に有利なものに変えられなければならず、これを妨害する先進諸国の活動を排除するためにも軍事力は必要とされる。

二〇一五年九月三日に天安門広場で実施された、軍事パレードを伴う「中国人民抗日戦争および世界反ファシズム戦争勝利七〇周年を記念する大会」において習主席が演説を行い「国際社会は不平等に満ちている。世界各国は、公平とウィンウィンを核心とする新型国際関係を積極的に構築しなければならない」と主張した。

公平とウィンウィンを基礎にする国際関係が「新型」であるというならば、既存の国際秩序は中国にとって、公平でもウィンウィンでもないということになる。これを軍事パレードにおいて公言したということは、強大な軍事力を背景に、中国が不満を持つ既存の国際秩序を変えるといっているに等しい。既存の国際秩序とは、米国を中心とする欧米先進諸国が築いてきたものである。

米国が中国の言葉を信じることはない

中国は、米国が中国の挑戦を許すはずがないと考えている。そのため、中国の国際社会における活動は、米国が主導する国際社会に対する挑戦ではないと見せかけようとしてきた。米国に対して世論工作を行い、中国の悪いイメージが米国世論を動かさないように働きかけてきたのだ。

その一方で、**米国の軍事力行使を恐れる中国は、米軍の妨害を拒否するために軍備増強を続けてきた。この中国の軍備増強が、中国の意図について米国に疑念を抱かせることにもなっている。**中国が米国との戦争を準備するのは、中国が米国を怒らせることを企図しているからだ、と捉えられるからだ。たとえ中国が、国際秩序に挑戦する意思がないといおうと、中国が米国との戦争に備えて軍備増強している限り、米国が中国の言葉を信じることはないだろう。

中国は、米国の軍事力行使を恐れて自らを防衛するために軍備増強しているつもりかもしれない。中国が、米国の軍事力行使を恐れ、「国際社会は不平等に満ちている」と強く主張しはじめたのは、二〇〇〇年に北京で開催されたFOCAC(中国・アフリカ協力フォーラム)からである。その前年の一九九九年に起こったNATOによるコソボ空爆によって、中国が危機感を高めたからだ。

そして、中国が危機感を高めたのは、この一連の空爆が人権保護を理由としており、国連安保理決議を経ていなかったからである。中国は、中国の人権侵害を理由に国連決議を得ることなく、欧米諸国が中国を攻撃する可能性があると考えたのだ。

中国にとって「人権」は、欧米先進諸国が開発途上国を非難するときに利用するカードである。**中国の発展が邪魔になったとき、欧米先進諸国、特に米国は、人権侵害を理由に中国に圧力をかけるかもしれないと中国は考える。**そして、その圧力には、実際の武力行使が含まれることが、コソボ空爆で示されてしまった。中国にとっては悪夢である。

米国の武力行使を恐れる中国は、軍備増強を急ピッチで進めている。しかし、この軍備増強が、米国の目には、中国が米国に挑戦しようとしているように見えるのだ。米中両国は、典型的な安全保障のディレンマに陥っているといえる。米中の軍事力増強の競争が、これから、さらに緊張を高めながら継続されることを意味している。冷戦の三つの条件のうち、二つ目の「軍拡競争の継続」という状況が起こっているのだ。

2 中国が太平洋で展開する対米核抑止

米国全土を射程に収める弾道ミサイルの開発

中国が軍備増強を加速すれば、米国が危機感を高め、中国に対する軍事的な圧力を強める。米国が軍事的圧力を高めれば、中国はそれを恐れて、さらに軍備増強を加速する。際限のないエスカレーション・ラダーだ。しかし、中国は、太平洋側とインド洋側で異なる軍事ゲームを展開している。中国の軍備増強には、異なる二つの方向性が見えるのである。

中国が太平洋側で展開する軍事ゲームの目的は、主として対米抑止である。中国が、自国に対する武力行使を米国に思いとどまらせるために力を入れるのが、ミサイル兵力である。中国は、最新のICBM（大陸間弾道ミサイル）のDF－41（東風41）を開発し、配備間近だとされている。中国国営メディアなどが、同ミサイルに関連する報道をしはじめたからだ。二〇一九年一〇月に実施された建国七〇周年記念大会の軍事パレードでお披露目されたが、二〇一九年一月の時点で、すでに配備されているとする分析もある。

2019年10月1日、建国70周年の記念大会で披露された軍事パレードで公開された最新のICBM、DF-41（東風41）。Avalon／時事通信フォト

DF-41は、弾頭部に一〇個の核弾頭を搭載可能なMIRV（マーブ）を採用し、その射程は一万二〇〇〇～一万五〇〇〇キロとされ、米国全土を射程に収める。DF-41の他にも、液体燃料を使用したDF-5およびDF-41と同様に固形燃料を用いたDF-31というICBMを保有しており、米国の中国に対する核攻撃を抑止しようとしている。

また、香港メディアなどによれば、中国は二〇一八年一一月、渤海において新型のSLBM（潜水艦発射弾道ミサイル）のJL-3（巨浪3）の発射実験に成功した。JL-3は、最新鋭のDF-41を基に開発されたと見られ、同様に弾頭部に一〇個の核弾頭を搭載可能であるとされる。**同ミサイルの射程は、JL-2の六〇〇〇～八〇〇〇キロから大幅に延伸**

し、九〇〇〇～一万四〇〇〇キロ前後と推定され、中国近海から発射しても米本土のほぼ全域を射程に収めるため、米国の脅威になると考えられている。

ＳＬＢＭは、核抑止の最終的な保証である。敵の第一撃を生き残って反撃できるからだ。潜水艦の強点は、その隠密性である。ＳＬＢＭを搭載した戦略原潜は、その隠密性を武器に戦略パトロールを実施し、核による報復攻撃に備えているのだ。ＪＬ-２も建国七〇周年記念大会の軍事パレードに登場したが、地上で運用されないミサイルをわざわざ持ち出してきたのは、中国が有する核抑止の最終的な保証の能力を誇示したかったからにほかならない。

二〇一九年一月一七日、トランプ大統領が、米国のミサイル防衛強化を謳う新戦略、ＭＤＲ（ミサイル防衛見直し）を発表した。ＭＤＲには、北朝鮮との部分的合意に備えるという側面があるかもしれないが、米国が本当の脅威だと考えているのは中国である。

しかし、**中国が米国を抑止しようとするのは、核戦力の領域だけではない。中国は、中距離弾道ミサイルを用いて、中国本土に接近しようとする米海軍空母打撃群を攻撃する能力を高めている。その現有兵力が対艦弾道ミサイルである。**

二〇一九年五月に公表された米国の「中国の軍事力に関する議会年次報告書二〇一九」によれば、中国が保有している対艦弾道ミサイルは、射程一五〇〇キロといわれるＤＦ-

21Dだけである。しかし、中国は、射程三〇〇〇～四〇〇〇キロといわれるDF－26も対艦弾道ミサイルであると主張している。二〇一五年九月に天安門前で実施された軍事パレードのテレビ中継で、アナウンサーがDF－26を対艦弾道ミサイルであると紹介したのだ。DF－26は、二〇一九年一〇月の軍事パレードにも登場している。

核抑止のルールを変える極超音速飛翔体の開発

さらに中国は、ゲーム・チェンジャーとも成り得る新しい兵器を開発している。極超音速飛翔体である。極超音速飛翔体は、マッハ五以上で飛行し、正確に目標に突入するもので、極超音速兵器とも呼ばれる。極超音速飛翔体には、弾道ミサイルに搭載して打ち上げ、ミッドコース・フェーズで切り離して滑空するもの（極超音速滑空体とも呼ばれる）、航空機などから発射され、自らに搭載されたラムジェットエンジンで極超音速に加速するものなどがある。このように高速で運動する物体を撃墜することは、現在のミサイル防衛システムでは極めて困難である。

ＣＣＴＶは、二〇一八年後半から、極超音速飛翔体の発射実験を性能や開発状況と併せて大きく報道している。ＣＣＴＶが報道した極超音速飛翔体は、「星空２」と呼ばれるものであるが、その他にもＤＦ－17弾道ミサイルで打ち上げられるものもあるとされる。

そして、建国七〇周年記念大会の軍事パレードでＤＦ－17がはじめてお披露目された。極超音速でも揚力を発生するウェーブライダーという特殊な形状をした弾頭部がロケット部に結合された状態で、観衆はひと目で最新技術を用いた兵器だと理解できただろう。

中国は、極超音速飛翔体を運搬するビークルとして、中距離弾道ミサイルを用いており、米国本土を攻撃するための兵器ではないことを示唆している。中国の極超音速飛翔体のターゲットは、グアム島にある米軍基地であり、中国に接近する米海軍空母打撃群なのである。この中国の極超音速飛翔体の目的は、米国のものとは異なる。

米国自身も極超音速飛翔体を開発してきたが、その目的は異なる。米国は、前方展開基地を縮小する代替の通常兵力による抑止力として、米国本土から発射して世界中どこでも一時間以内に攻撃できる兵器を開発しようとしたのである。ＰＧＳ（全世界即時攻撃）と呼ばれるものだ。

一方の中国は、中距離から準中距離弾道ミサイルでの運用を考えていることから、米国本土を狙うものではないとしても、米国の目には、中国が米国との戦争に備えていると映ってもおかしくないだろう。さらに、中国が技術を高めれば、米国本土を攻撃する極超音速飛翔体を開発することもできる。脅威は意図と能力から構成されるといわれるが、能力は意図を変えることもあるのだ。

中国メディアが極超音速飛翔体の開発や試験状況を積極的に報道するのは、この兵器の配備が間近であることを示唆している。**中国が米国よりも先に開発に成功する可能性があるのは、単に中国の技術力が米国よりも高いからではない。米国が求める性能と中国のそれとが異なるからである。**

まず、追求する速度が異なる。米国のPGSは、ICBMなどを用いて、マッハ二〇という高い速度を必要とするが、中国が要求する距離は中距離に限定されており、中距離弾道ミサイルを用いて、マッハ五〜一〇を狙う。空気力学および材料工学的に克服しなければならない課題は、中国のほうが低いと考えられるのだ。

さらに、両国が求める命中精度が異なる。米国は、極超音速飛翔体に核弾頭を搭載することを想定しておらず、通常兵器としての使用を考えている。一方の中国は、核弾頭の搭載について否定したことはない。

通常弾頭での攻撃を企図するのであれば、目標を破壊するために非常に高い命中精度が求められる。しかし、核弾頭は破壊できる範囲が大きいために、高い命中精度は要求されない。戦域核を用いるのであれば、中国が極超音速飛翔体を完成させるハードルは、米国よりも低いともいえる。また、中国が戦域核を搭載する可能性は、中国の極超音速飛翔体が、中距離核兵力制限の枠組みの再構築に影響し、また、核抑止のルールを変えるゲーム・チェンジャーになる可能性を高めるものである。

米中宇宙戦争の幕開け

中国のミサイル兵器といえば、地表面の基地や艦艇をターゲットにしたものだけでなく、米国の戦闘を支えるネットワークを攻撃する衛星破壊兵器もある。中国は、今後の戦争が、サイバー空間と宇宙からはじまることを理解している。しかし、レーガン大統領のスター・ウォーズ計画以降、衛星攻撃は控える、というのが米ロの暗黙の了解であった。衛星はネットワークの重要な構成要素であり、情報収集や通信の基礎であるからだ。**衛星が破壊され、ネットワークが機能不全に陥れば、状況が把握できず、疑心暗鬼に陥る。また、時間と地点を整合した精密攻撃ができなくなる。ネットワークを破壊された国は恐怖にかられ、目標も定まらないまま核攻撃を含む大規模攻撃にエスカレートする可能性があるのだ。**

この暗黙の了解を破ったのが中国である。二〇〇七年に衛星破壊兵器の実験を行って各国を驚かせ、現在では最も高い軌道にある衛星を破壊する能力を得たといわれる。こうした中国の行動が、宇宙戦争の幕を開けたのだ。米国は、宇宙においても、中国の意図を挫く能力を示す必要を感じている。中国が反発するのは、米国のMDRが中国をターゲットにしたものであることを理解しているからだ。中国は、米国が中国を潰そうとしているのではないかと恐れているのだ。

米国のMDRは、中国の国際秩序に対する実力を用いた挑戦を許さないという強い政治的メッセージになっているといえる。中国は、それでも、自国の経済発展のためにも国際秩序の変更を諦めることはできない。当分の間、米国に譲歩の姿勢を示しつつ、一層、軍備増強に拍車をかけることになるだろう。

3 中国がインド洋で展開する空母外交

活発化する空母「遼寧」の活動

中国がインド洋側で展開する軍事ゲームは、軍事プレゼンス競争である。中国は、中東などにおいて米国とロシアが軍事的ゲームを展開すれば、そのゲームからはじき出されると恐れている。中国の現有兵力では、米ロの軍事力に対抗することができないからだ。だからこそ中国は、軍事プレゼンスを展開する能力を強化しようとしている。

その象徴的な兵器が空母である。二〇一二年九月に空母「遼寧」が就役すると、中国は「空母外交」を展開すると主張した。中国が空母外交を展開することによって、米中両大国は戦略的相互信頼を深め、新型大国関係の構築を助けることになるという。

中国は、米国という既存の大国と中国という新型の大国は、ともに国連安保理常任理事国として世界平和と発展に特別な責任を有するとし、「衝突せず対抗せず、相互に尊重し、協力してウィンウィンとなる」新型大国関係が構築できれば、米中両国だけでなく、全世界が恩恵を受けると主張してきた。

その上で中国は、長期にわたって米中新型大国関係が構築されなかったのは、両国のパワーバランスが取れていなかったからだという。中国が特に挙げるのが、戦略兵器と空母の戦力格差である。**中国が空母の建造を急いできたのは、米国とのパワーバランスを取り、米国と対等の立場を獲得するためであったといえる。**そして、中国のこの主張を許してきたのはオバマ前大統領である。中国は、米国の干渉を排除しながら、その間に、米国に対抗できる軍備増強を図ろうとしてきたのだ。

しかし、二〇一六年一一月にトランプ氏が大統領選に勝利し、二〇一七年一月に大統領に就任すると状況が変わった。中国は新型大国関係を強く主張しなくなり、米中新冷戦が構造化されようとしている。しかし、中国が空母を保有する意義に変化が生じたわけではない。中国は表現を変えただけだ。中国が主張した「空母外交」も、米国が中国の活動を妨害するのを牽制するためのものだったのである。

トランプ大統領が就任したときには、大連造船所における空母の建造はすでに最終段階にあった。そして、トランプ大統領が就任して三カ月、初の中国国産空母001A型が進水した。中国の空母戦力強化の試みは確実に進んでいる。

中国海軍には、「遼寧」を訓練空母ではなく、作戦に従事する艦艇にしようとする動き

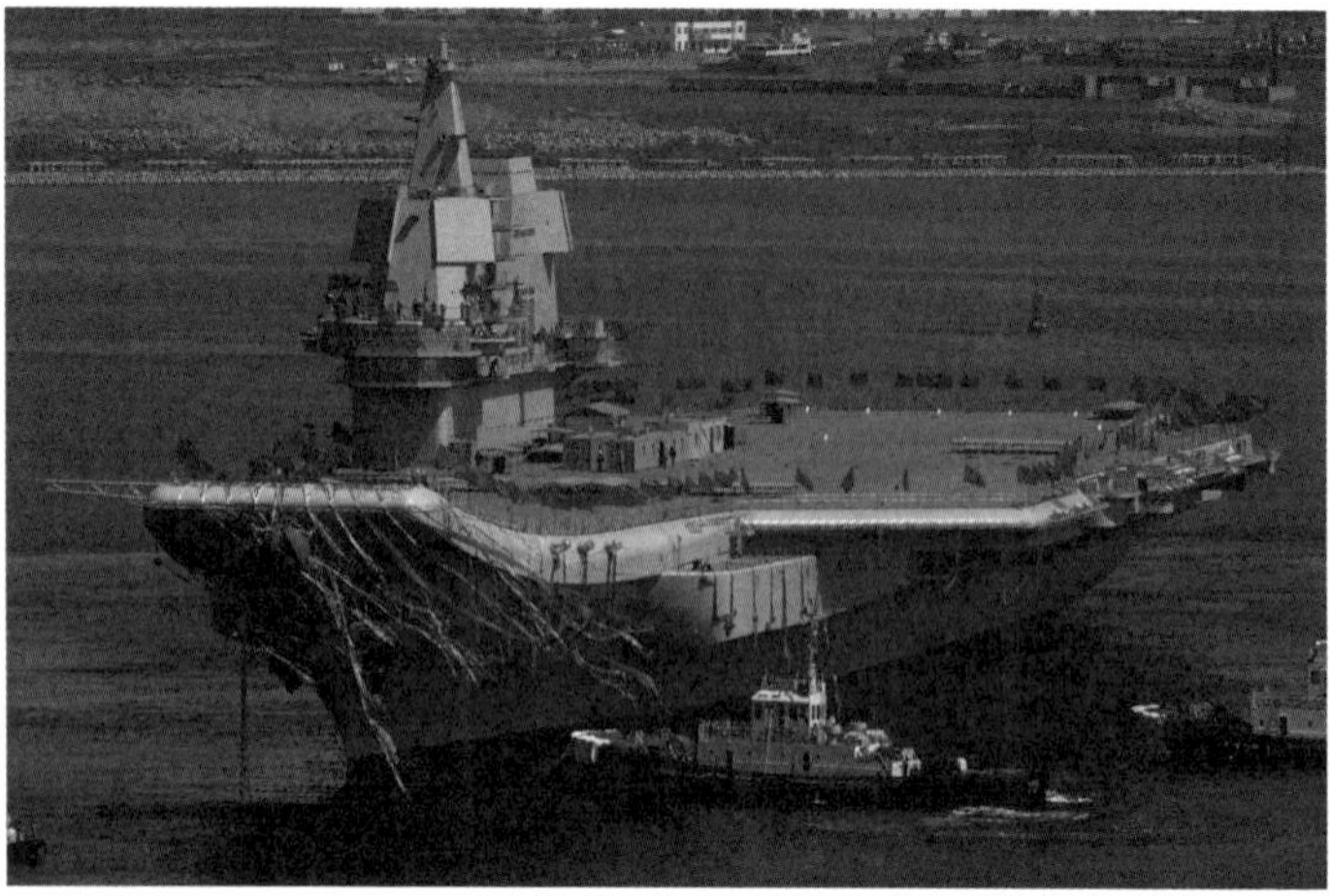
2017年4月26日、大連の造船所で進水式が行われた中国初の国産空母、001A型空母。AFP＝時事

がある。中国海軍は、二〇一八年八月から半年以上をかけて「遼寧」の改修を行い、特に動力および電気系統などを改善したという。「遼寧」は、改修のベースとなったクズネツォフ級が有していた推進系統の不具合などを引き継いでいたともいわれるが、今次大規模改修において、それらの不具合が部分的にでも解消された可能性がある。その「遼寧」の活動が活発化しているからだ。

二〇一九年六月中旬、「遼寧」が米軍基地のあるグアム島周辺海域をはじめて航行したと分析された。「遼寧」は同月一一日に、最新型の901型補給艦を含む五隻の随伴艦と共に、沖縄本島と宮古島の間を通過して西太平洋に入っていた。

台湾メディアは、「遼寧」を含む六隻の艦

隊が、宮古海峡を通峡後、南東に進み、沖ノ鳥島沖を過ぎてグアム島周辺海域に到達したとしている。その後「遼寧」は、フィリピン南部の海域を経由して、南シナ海に入ったという。中国は今回の「遼寧」の航海について明らかにしていないが、二八日および二九日に大阪で開催された二〇カ国・地域首脳会議（G20サミット）での米中首脳会談の直前に、米軍基地周辺に空母打撃群を展開し、米国を牽制する狙いがあったとみられる。

対米牽制のための空母の行動は、中国がいう空母外交そのものである。中国はまた、米国が空母を展開することも空母外交と呼んでいる。**空母が特定の海域に展開すること自体に政治的意味がある。中国は、米国同様に空母を運用し、そのプレゼンスを政治的に利用したいのだ。**

「遼寧」の艦載戦闘機数は二四機であり、航空兵力運用能力に圧倒的な差がある米海軍空母に対抗することはできないと中国は考えている。しかし、中国は黙って劣勢を受け入れるつもりはない。現在も中国は、国産空母の開発・建造を急いでいる。

中国海軍が計画する空母四隻体制

中国初の国産空母である００１Ａ型空母は、その呼称からも、カタパルトを装備せず前部に傾斜をつけたスキージャンプ式の飛行甲板を備えた外見からも、「遼寧」を基礎に設計された改良型であることが理解できる。しかし001A型空母は、「遼寧」に比較して各種能力が向上している。まず、船体自体が、「遼寧」の約五万九〇〇〇トンに対して七万トンと大型化している。船体の大型化は艦載機格納庫の拡大を許容し、J―15戦闘機を最大三二機搭載できるとされる。また、同じ蒸気タービンを動力としながら、「遼寧」の二五ノットに対して、001A型の最大速力は三一ノットとされる。

001A型空母は、二〇一七年四月二六日に進水し、電子システムや火器などの艤装を行って、正式には二〇一八年五月から海上公試を繰り返している。同艦は、二〇一九年五月三一日、第六回の海上公試を終えて大連造船所に帰投したが、その際、艦載機が発着艦する際にできるタイヤ痕が飛行甲板上に確認されている。同艦の海上公試が艦載機発着艦を含む段階に進んでいることから、就役が近いと考えられる。

しかし、「遼寧」も001A型空母も、スキージャンプ台を用いたSTOBAR（短距離離陸拘束着艦）方式であるため、カタパルトを用いたCATOBAR（キャトーバー）方式に比較して、より長い発艦用飛行甲板を必要とし、航空機の運用効率が低い。そのため中国は、カタパルトを装備した、より大型の空母を建造している。

二〇一八年一一月二五日、新華社が、中国海軍の三隻目となる新型空母について、「順調に建造中だ」と報じた。建造中の空母について中国の官製メディアが公式に報じたのは、これが最初である。この頃、002型空母は電磁カタパルトを採用するのではないかと考えられていた。そして、二〇一九年五月六日、米国のシンクタンクCSIS（戦略国際問題研究所）のChina Power Projectが、衛星写真を用いた002型空母の建造状況の分析結果を公表した。CSISが公開した衛星画像とそれに基づく分析によれば、中国各地で建造された各ブロックが上海江南造船所の海軍艦艇建造地区に集められ、大型クレーンを用いた002型空母の組み立てがはじまっている。

同シンクタンクの分析によれば、同艦の排水量は、八万から八万五〇〇〇トンである。カタパルトを用いたCATOBAR方式を採用しているが、電磁カタパルトを装備するかどうかは現段階では不明である。原子力推進方式は採用されないと考えられている。船体が大型化することから、四〇機以上のJ–15を搭載可能とする分析もある。CATOBAR方式であることから航空機の運用効率も高く、搭載機数の増加と相まって、002型空母の航空作戦能力は「遼寧」および001A型空母を大幅に上回ると予想される。戦闘機の他に、早期警戒機およびヘリコプターを搭載するとみられる。

また、中国の報道によれば、四隻目となる002型空母の二番艦が大連造船所で建造される可能性がある。一方で、002型空母の二番艦の建造が延期されるとの報道もある。

二〇一八年一一月二七日、香港の英字紙が、空母建造計画の関係者の話として、米中貿易摩擦の影響などによって、中国の新空母建造に遅れが生じていると報じた。

習政権は、トランプ政権への刺激を避けるため、四隻目の建造計画を延期したという。**中国からは、軍事力を誇示して米国を牽制するシグナルとは別に、米国に対して譲歩の姿勢を示すシグナルが発せられている。中国から異なる二つのシグナルが出されることは、中国国内政治の不安定化を示すものだとも考えられる。**異なる主張を持つ、主として二つのグループの権威が、いずれも相手の主張を抑え込むほどまでに強くないということだ。

上海江南造船所で建造されている002型空母は、二〇二一年に進水予定である。大連造船所で計画どおりに四隻目の空母が建造されるとすれば、二〇二二年にも進水する可能性があり、早ければ二〇二五年には中国海軍が空母四隻体制を確立する可能性がある。

駆逐艦とフリゲートの大量建造

空母は単独で運用される艦艇ではなく、空母を護衛する艦艇とともに空母打撃群を形成する。中国は、空母だけではなく、空母打撃群を形成するであろう駆逐艦およびフリゲートも大量建造している。現在の中国の戦闘艦艇建造の様子は、中国では「下餃子」ともいわれる。大量の戦闘艦艇が建造され、次々と進水する様子を、大鍋のなかで沸騰したお湯に大量の餃子をバラバラと落とし込む様子にたとえて表現しているのだ。

055型駆逐艦は、二〇一四年末から建造が開始され、二〇一八年一〇月には中国メディアが七番艦の建造を報じた。その後、八番艦の建造が確認されている。同艦は、一番艦の建造当初から、「グローバルに戦略的任務を遂行する」艦艇といわれており、空母打撃群を構成する主力艦艇として開発されたことを示唆している。

しかし、055型駆逐艦の契約は八隻で終了するとされており、同艦だけで四個空母打撃群を形成するには数量が不足である。そのため、中国海軍は055型駆逐艦の改良型を開発するといわれる。055型駆逐艦は、中国海軍が当初要求していた性能が実現されておらず、完成形ではないと考えられる。主たる問題は、IPS(統合電源方式)だとされている。IPSはIEP(統合電気推進)ともいわれ、推進用と艦内の他の装備品などに用いる発電機を共用化したものを指す。IPSを採用する理由の一つは、大電力を必要とする、レールガンおよびレーザーなどの武器の搭載である。

055型駆逐艦はIPSの採用を見送ったとされ、一万二〇〇〇トンという大きな船体の割には、目新しい技術がみられないと評される。改良型の055A型駆逐艦は、IPSを採用してレールガンやレーザーなどの新しい武器装備品を搭載する可能性がある。しかし、二〇一九年度中に建造を開始したとしても、四個空母打撃群が形成されるであろう二〇二五年には二隻程度の配備にとどまるだろう。

二〇二五年の055型駆逐艦および055A型駆逐艦の隻数が一〇隻だとすると、四個空母打撃群を形成するためには構成艦艇が二二隻不足する。この不足を補う艦艇は、主として052D型駆逐艦になると考えられる。052D型駆逐艦は、二〇一二年八月に一番艦が進水して以降、年平均二隻が進水している。同型艦は、二〇一九年四月に一八番艦が進水し、同年六月現在、二四番艦の建造が確認されている。二〇二五年には、これら二四隻全てが就役していると見積もられることから、055型駆逐艦および055A型駆逐艦、052D型駆逐艦で、四個空母打撃群の構成艦艇の所要を満たすことができる。

052D型駆逐艦は、満載排水量約七〇〇〇トンで、コールド・ローンチとホット・ローンチの双方に対応可能なVLS（垂直発射システム）を装備し、HQ-9B対空ミサイル、YJ-18対艦ミサイルを発射可能である。同型艦は、排水量こそ055型駆逐艦より小型であるものの、同様に対空戦、対水上戦、対潜戦全てに対応できる汎用艦である。

また、055型駆逐艦、055A型駆逐艦、052D型駆逐艦を補完するために、054A型フリゲートも使用される可能性がある。実際に、現在の「遼寧」を中心とした艦隊は、052D型駆逐艦および054A型フリゲートで構成されている。

4　中国の空母打撃群は脅威になるか

中国指導部が考える空母運用の効果

二〇二五年頃に中国が保有する可能性がある四個空母打撃群は、二隻の００２型空母、００１Ａ型空母、「遼寧」を中心に、八隻の０５５型駆逐艦、二隻の０５５Ａ型駆逐艦、二二隻の０５２Ｄ型駆逐艦が主たる構成艦となるだろう。

空母自体の能力から見れば、四隻のうち、二隻は軍事プレゼンスを示すための能力が十分でない可能性がある。「遼寧」は大規模改修を行ったとはいえ、推進システムの不具合が解消された確証はない。二〇一九年六月に、「遼寧」はグアム島付近の海域を航行したと分析されたが、行動期間が比較的短く、まだ長期の航海に不安を抱えているとの分析もある。「遼寧」の改良型である００１Ａ型空母も、二〇一八年四月の最初の航海から帰投してすぐに乾ドックに入った状況およびその後の海上公試の延期といった状況を見ると、「遼寧」と同様の不具合を抱えている可能性がある。

ソ連海軍由来の技術を用いた「遼寧」および001A型空母に対して、二隻の002型空母は、その形状から見ても、米海軍の空母と同様の艦載機の運用形態になると考えられる。002型空母は、現在建造中であり、アラビア海や地中海などに長期間にわたって展開し、艦載機を効果的に運用して、プレゼンスを示せるかどうかは未知数である。

中国の四隻の空母が、まだ完成形ではなく、検証の段階にあるのだとしても、航海することができ戦闘爆撃機の発着艦が実施できれば、展開する地域に軍事プレゼンスを示し、他国に政治的メッセージを送ることはできる。

また、空母は完成形でないとしても、空母を護衛する駆逐艦などは検証段階が終わって大量建造されており、それら艦艇の戦闘能力は中国海軍の要求を満たしていると考えられる。他国が空母打撃群の護衛を破って空母を廃滅させることは難しく、中国の空母が所定の海域に展開することができるということだ。

しかし、中国は、四隻の空母を柔軟に運用することができないかもしれない。「遼寧」および001A型空母の長期航海に不安が残るのだとすれば、これら二隻は、西太平洋および南シナ海など、中国から比較的近い海域において運用され、002型空母が地中海などに展開されるといったように展開海域を分担する可能性があるのだ。

そのような分担がされるのだとすると、「遼寧」および001A型空母は北海艦隊に、二隻の002型空母は南海艦隊に配備されると考えられる。このような展開海域の分担は、中国の空母運用に制限を与える。たとえば、中国が中東地域で軍事プレゼンスを示したいと考えた場合、展開できる空母は二隻ということになり、常時、オンステーションさせることは難しくなるだろう。

また、中国の空母打撃群に防御上の弱点があるとすれば、対潜戦能力であると考えられる。中国海軍が対潜戦に力を入れはじめたのは二〇〇〇年代後半からであり、戦術に対する理解が十分でない可能性があるからだ。さらに、空母自体は自由に展開できるとしても、艦載機の運用には課題が残る。現在、艦載機が発着艦訓練を実施できるのは「遼寧」のみであり、艦載機など乗員の飛行訓練が十分に実施されていないと考えられるのだ。

中国の空母自体は検証段階にあり、艦載機の運用にも課題がある。しかし、護衛能力を含めて、少なくとも二個空母打撃群は、中国から遠く離れた海域に展開し、軍事プレゼンスを示すことはできるだろう。**空母は、他国に政治的メッセージを送るなど、戦略的に用いられる兵器である。その意味で、中国の空母は、限定的ではあっても、中国指導部が考える効果を上げることができると考えられる。**

さらに、中国の空母が技術的に完成するのはさほど遠い未来ではないかもしれない。中国の強点は失敗を恐れないことである。検証のために二隻ずつ艦艇を建造することができる経済的余裕こそ中国の強みである。

米中貿易戦争と呼ばれる状況は中国経済にダメージを与えているが、米国の圧力が高まれば、中国指導部の危機感は高まり、国内の反米ナショナリズムを煽って軍備増強を加速しようとするだろう。経済状況が悪化したときに、より国防費を必要とするという皮肉な状況が起こりつつある。

アデン湾の海賊対処活動

現在、中国は、空母打撃群を西に展開することを目指しているが、すでにこうした大型艦艇を地中海などに派遣して軍事プレゼンスを示そうとしている。その象徴がアデン湾の海賊対処活動である。中国海軍は、二〇〇八年一二月二六日に初の航行護衛行動を開始して以来、二〇一九年一月までに艦隊を三一回派遣してアデン湾で海賊対処活動を行ってきた。中国がアデン湾海賊対処活動に参加しはじめてから一〇年が経過しているのだ。中国では、航行護衛行動を「護航」と呼んでいる。

中国の護航は、国連決議一八四六号などを根拠に中華人民共和国中央軍事委員会が実施するものとされ、主要な内容は「当該海域（アデン湾）を航行する中国船舶の人員の安全

2009年1月19日、アデン湾で航行護衛行動に当たる中国海軍の052C型駆逐艦「海口」。AFP＝時事

を護ること」および「ＷＦＰ（国連世界食糧計画）など国際機関の人道支援物資を輸送する船舶の安全を護ること」であるとされる。

中国が民間海上輸送の安全に貢献していることは間違いないが、中国の護航には単なる国際貢献以上の目的もある。それは、中国の「大国」としてのステータスを国際社会および中国国内にアピールすることである。

二〇一八年一二月から二〇一九年一月にかけて、『解放軍報』や中国海軍政治工作部主管の雑誌などが護航一〇周年を特集し、中国海軍の活動をアピールした。中国艦隊は、他国海軍と共同もしながら、船舶全般の護衛に当たっている。

一方で、**中国艦艇が常にアデン湾に存在することは、中国が周辺地域に対して軍事プレ**

ゼンスを示すことにもなる。ただ中国は、軍事的威圧ととられないよう、護航を通じて、国際社会のポジティブなイメージを得たいと考えている。それは、「責任を果たす大国」というイメージである。護航一〇周年を祝う複数の記事中にも、「大国が責任を果たす」という表現が用いられている。

　しかし、中国が自らを大国であると示すのは国際社会に対してだけではない。『解放軍報』などの読者の大多数が中国国民であることを考えれば、これら報道が、中国が先進諸国に伍して国際貢献を行う大国であるというイメージを、中国国民に向けてアピールするものだということが理解できる。「中国は誇らしい大国である」と自国民に誇示することは、中国共産党が正しく中国を導いてきたと主張することでもある。貧しく弱かった中国を、豊かで強い大国にしたということになるからだ。

　特に、米国の経済制裁などによって経済がダメージを受け、習政権の対米政策および経済政策が批判される現在、こうしたアピールは、中国共産党統治の正統性を維持するための重要な手段となり得る。自国民に大国意識を持たせるには、経済的な豊かさを実感させ、強大な軍事力を示すことが効果的だ。**米国に対して経済的に劣勢であることが国民の目にも明らかになってしまった中国は、中国共産党指導部に対する国民の支持を得るために軍事力に頼る割合が増えると考えられる。**

しかし、中国海軍は、洋上補給などに課題を残している。中国海軍がはじめてアデン湾の海賊対処活動に派遣した艦艇がマラッカ海峡を抜け、初の洋上補給を行った際、中国メディアは「中国海軍にとってブレイクスルーである」と報じた。現在でも、中国海軍にとって総合洋上補給は重要な訓練項目となっている。

中国が空母打撃群の形成を急ぐ理由

中国は、護航に従事した艦艇に、欧州諸国に対する親善訪問を実施させている。二〇一二年八月三日、中国海軍フリゲートが、アラビア海からアデン湾、紅海、地中海を抜けてはじめて黒海に入り、同五日、ブルガリア・ヴァルナ港を訪問した。当時、欧州各国でも、中国が地中海や黒海でプレゼンスを示しはじめたことが話題になった。その後、中国は欧州各国に艦艇親善訪問を頻繁に行っている。

同じ二〇一二年には、北京大学の王緝思教授が「西進戦略」を発表している。同論文は、中国が西に進むべき理由として主として二つの理由を挙げている。

一つ目は、中国内陸部の経済発展にかかわるものである。鄧小平が、いわゆる「先富論」において「豊かになれる者から先に豊かになれ」と号令をかけて以来、中国の沿岸部は急速な経済発展を遂げる一方、内陸部は経済発展から取り残されてきた。中国は当初、沿岸部の経済発展の波及効果によって内陸部を発展させるとしてきたが、その効果は見られなかった。「西部大開発」と銘打ったプロジェクトもことごとく成果を上げることができなかった。そのため、内陸部の発展は、自ら西方の中央アジアなどとの交易を拡大して切り開くべきとした。

二つ目は、米国との衝突回避である。東に進めば米国と衝突するため、米国との衝突を避けて西に進むべきであるとしたのだ。

それでも米国は、全ての地域に軍事力を展開できる。だからこそ、中国は、経済活動には軍事力の保護が必要であると公言している。中国が、空母の運用や作戦を十分理解しない段階で、複数の空母打撃群の形成を急ぐのは、軍事プレゼンスを示す必要があると考えるからなのである。

5 南シナ海の軍事的緊張は激化する

対米核抑止のための最重要海域

中国の太平洋側における軍事ゲームとインド洋側で展開する軍事ゲームは異なるが、それが重なるのが南シナ海である。

南シナ海が中国にとって二重の意味で重要であるということだ。中国が、南シナ海の西沙諸島（パラセル諸島）および南沙諸島（スプラトリー諸島）に人工島を建設して軍事拠点化を図り、南シナ海全体をコントロールしようとするのはこのためである。一方で米海軍が南シナ海においてＦＯＮＯＰｓ（航行の自由作戦）を実行するのは、南シナ海をコントロールしようとする中国を牽制するためだ。そしてまた中国は、米国の軍事行動に対して危機感を募らせ、米国を牽制する。**南シナ海に対する中国の執着を考えれば、南シナ海における軍事的緊張は、これからもエスカレートする可能性が高い。**

報道によれば、二〇一九年六月三〇日、中国軍が、中国本土から南シナ海の領有権争いが存在する海域に向けて、合計六発のミサイルを発射する実験を行った。複数の報道の内容から、発射されたミサイルは、DF－21Dであると考えられる。中国海事当局は、同月二九日付で、軍事訓練に関する事前の通知を出し、同二九日から七月三日までの五日間、南シナ海の一部の海域で船舶の航行を禁止するとした。中国海事局が軍事訓練を行うとした海域は、南シナ海の南沙諸島の北側に設定されている。

中国は、この航行禁止の措置に関して、具体的な訓練の内容などには言及しておらず、また、ミサイルの発射実験についても公表していない。しかし、これに遡ること数日、CCTVは、DF－21Dの訓練の様子を報道している。報道のなかでは、一〇基のDF－21Dを起立させ（発射の態勢にし）、その威容を示そうとしている。中国は、南シナ海における米軍の活動を排除するために、南シナ海全体をコントロールしようとするのだ。

南シナ海は、米国に対する核抑止のためにも重要である。中国の戦略原潜は、海南島に配備され、台湾とフィリピンに挟まれたバシー海峡などを抜けて太平洋に入り、戦略パトロールを実施する必要がある。中国現有のSLBMであるJL－2潜水艦発射弾道ミサイルの射程は六〇〇〇～八〇〇〇キロとされており、南シナ海からでは米国本土をカバーすることができないからだ。

しかし、**米海軍が南シナ海で自由に活動すれば、中国の戦略原潜が出港した直後から米**

海軍に探知され、米海軍の攻撃型原潜に追尾されることになる。そうなれば、中国の戦略原潜は、米国に対する抑止力として機能しなくなってしまう。中国の東側のゲームと西側のゲームが重なるという以外に、米国に対する核抑止に実効性を持たせるためにも、中国は、何としても南シナ海をコントロールしなければならないと考えるのである。

台湾をめぐる軍事的緊張はさらに高まる

米国にとって、米国の軍事力が世界中のどこへでもアクセスできることが、安全保障の前提である。中国が南シナ海をコントロールすることは、米国の安全を損ねるものなのだ。

トランプ政権は、南シナ海において、より積極的に軍事プレゼンスを示している。中国に対する米国の強硬姿勢は、米国内から中国のシャープパワーを締め出し、経済的な領域にとどまらず軍事的な領域においても中国に圧力をかけるに至った。

米国は、南シナ海問題だけではなく、台湾問題についても中国に軍事的圧力をかけている。そして、台湾は、南シナ海を取り巻く地域の一部でもある。

台湾問題が中国共産党にとって統治の正統性にかかわる問題であるという以外に、上記の理由で中国が南シナ海をコントロールしようとしても、台湾が中国のコントロール下に置かれない限り、米国に対する核抑止に不安が残るということだ。**台湾は第一列島線を形成する地域の一部であり、米国にとっては、中国の軍事行動を抑え込むためにも、中国のコントロール下に置かれるわけにはいかない。**米中は、今後ますます、台湾をめぐって軍事的緊張を高めていくだろう。

二〇一九年三月三一日、台湾国防部が、同日午前一一時頃、中国のJ－11戦闘機二機が台湾海峡の中間線を越えて台湾側空域に侵入したと発表した。中国軍機が台湾海峡の中間線を故意に越えるのは極めて異例である。

台湾はIDF（国産防衛戦闘機）とF－16戦闘機四機をもって対応した。両軍機の対峙は約一〇分間続いたという。台湾は強く反発した。台湾メディアによれば、蔡英文総統は翌四月一日に「国家安全会議」を開き、「中間線を故意に越える挑発に対しては、ただちに強制的に排除せねばならない」と軍に指示した。軍事衝突をも辞さない構えだ。

米国と中国の大国間のゲームであるというだけでなく、こうした中台間の軍事的緊張が高まる原因は単純ではない。台湾が警戒感を高める背景には中国の危機感に基づく軍事的圧力があり、中国が台湾を牽制するのは台湾が独立志向を強める可能性があるからだ。この相互作用に、米国の関与が影響を及ぼす。米国の台湾に対する積極的な安全保障協力には対中牽制の意味も含まれる。米国は中国の台頭に危機感を高めているのである。

米国の態度は、台湾を鼓舞する一方で、中国の危機感を煽る。米国が自国の発展を妨害すると考える中国は軍備増強を加速する。それがまた、米国の警戒感を高めるのだ。

軍事衝突の可能性はゼロではない

中台間の緊張を複雑なものにしているのは、一見、中国にとって有利に働きそうな事象がかえって危機感をもたらすこともあるからだ。二〇一八年一一月に実施された台湾の統一地方選挙における蔡総統率いる民進党の大敗は、中国の思惑どおりだ。しかし、中国はかえって台湾の独立志向に警戒しなければならなくなった。

支持を失った蔡総統および民進党が、民進党本来の政策を採りはじめているからだ。そこには台湾独立支持が含まれる。民進党大敗の理由は、蔡英文政権が、民進党支持者と国民党支持者の間でバランスをとろうとし、双方の支持を失ったことにある。蔡総統は、自らが支持を失った原因を理解し、二〇一七年後半から、より民進党らしい政策へと舵を切った。中国は、統一地方選の結果を歓迎する一方、蔡政権が独立支持に動くことを恐れなければならなくなったのである。

中国は、台湾住民を懐柔する一方で、軍事的圧力を強化している。二〇一七年七月以降、中国のH－6長距離爆撃機による台湾周辺への飛行が増加した。中国海軍艦艇も行動を活発化させている。訓練空母「遼寧」が二〇一六年一二月から二〇一七年一月にかけて台湾を周回するように航行した他、中国海軍が台湾周辺海域で繰り返し演習を行った。

米国との衝突を避けたい習主席であっても、中国軍のこうした行動を咎めることは難しい。台湾は中国にとって「核心的利益」であり、貿易問題と違って、譲歩できない問題なのだ。習主席自身、二〇一九年一月二日、「台湾同胞に告げる書」四〇周年記念式典において「武器の使用は放棄せず、あらゆる必要な措置を取る選択肢を残す」と述べている。

南シナ海は、中国共産党にとってその統治の存続にもかかわる極めて重要な問題を内包し、一方の米国にとっては自国の安全保障を脅かす問題である。米中両国ともに直接の軍事衝突は避けたいと考えているため、かえって、台湾を含む南シナ海に関する問題についても、両国の軍事的牽制合戦は激しさを増す。南シナ海は、米中政治戦のホットスポットであり続けるのである。

しかし、政治戦のなかでも軍事的手段の使用は、実際の軍事衝突を引き起こす可能性を残すものだ。米中が軍事的圧力によって両国関係における優勢を確保しようとする限り、この可能性がゼロになることはない。

6　軍事力強化に舵を切った米国

「米軍を質量共に強化する」

中国の軍備増強に対抗するように、米国のトランプ政権も軍事力強化に舵を切った。国防授権法二〇一九は、予算総額を約七一六〇億ドルに増額し、オバマ前政権下の国防費削減で規模が縮小した米軍の「再建」を急ぐ方針を打ち出した。署名の際に、トランプ大統領は、「我々は新兵数千人を採用するとともに、老朽化した戦車や航空機、艦船を最先端の装備に刷新し、米軍を質量共に強化する」と強調している。

なかでも、米国が危機感を高めるのは、中国の中距離弾道ミサイル技術を用いた武器装備品の開発である。米国とロシアがINF全廃条約に縛られて中距離弾道ミサイルを開発・配備できなかった期間も、中国は何物にも縛られることなく、中距離弾道ミサイル技術を向上させ、米海軍空母打撃群を中国から三〇〇〇〜四〇〇〇キロ離れた太平洋上で攻撃できる対艦弾道ミサイルや極超音速飛翔体を開発してきた。対艦弾道ミサイルなどの兵

図5-1　米国と中国の国防費の推移

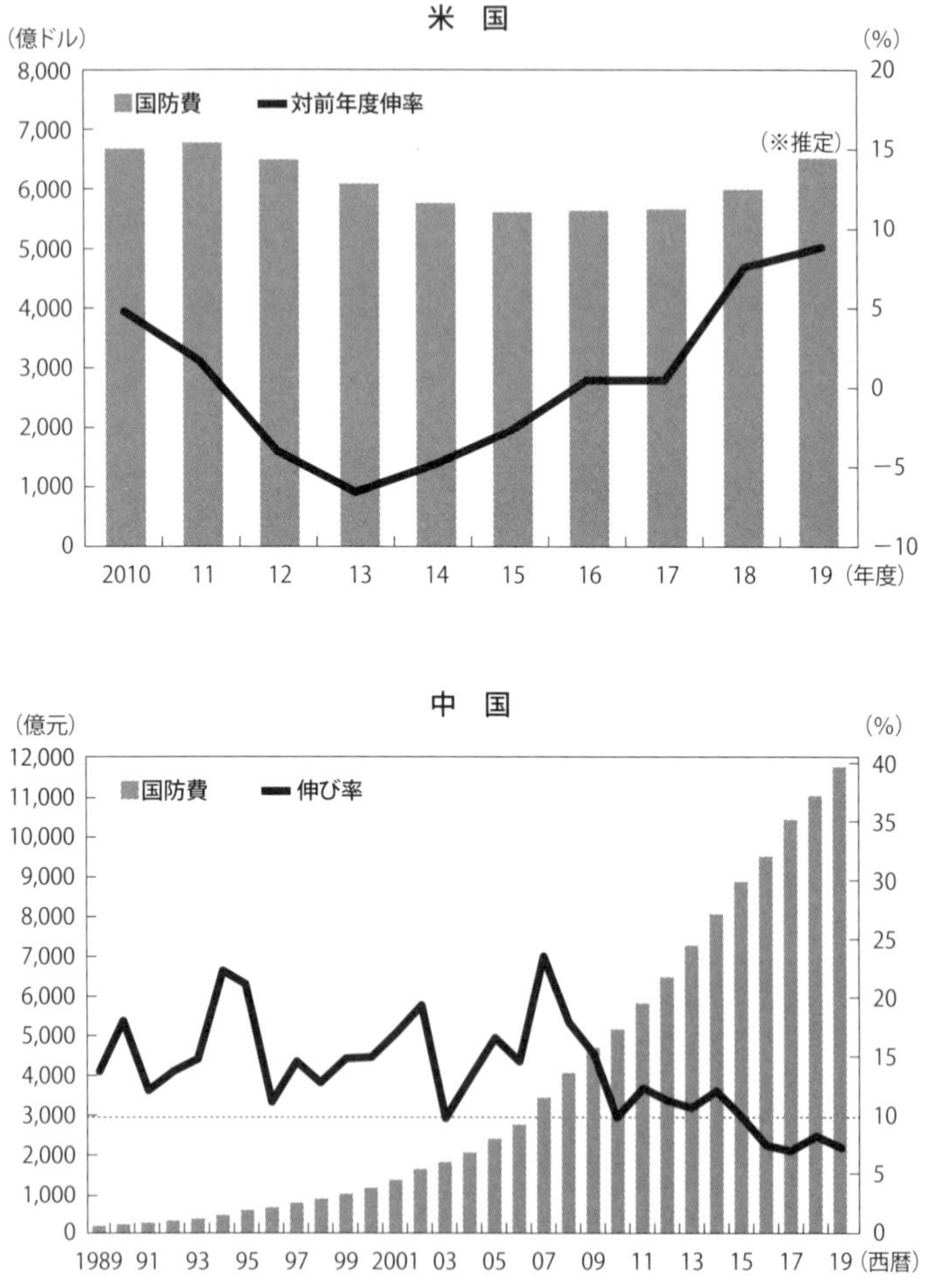

（出典）『令和元年版防衛白書』。

器は、空母という兵器の存在意義さえ危うくするゲーム・チェンジャーになり得るものだ。

米国は、中国を含めて参加国を拡大した新たなＩＮＦ全廃の枠組みを構築したいと考えているが、中国が簡単に応じるはずもない。中国は、核戦力においても通常兵力においても、米国に対して劣勢だと考えているからだ。しかも中国は、その米国が武力を行使してでも中国の発展を抑え込もうとしていると信じている。

皮肉ではあるが、**中国を新たなＩＮＦ全廃の枠組みに取り込むためには、米国の中距離弾道ミサイルを用いた攻撃能力を中国に見せつけて屈服させるしかない**。中距離弾道ミサイルを全廃するために、同兵器の軍備拡張競争を行うという過程が必要になるのだ。

新型巡航・弾道ミサイルシステムの開発

二〇一九年八月二日、ロシアと締結したＩＮＦ全廃条約からの正式離脱に伴い、エスパー国防長官は、米国はすでに「移動式、従来型、地上発射型の巡航・弾道ミサイルシステム」の開発を開始しており、「離脱の完了を受け、国防総省はロシアの行動に対する慎重な対応として、これら地上発射型の従来型ミサイルの開発を全面的に追求する」と声明を出した。

そして、米国は同月一八日、地上発射型の中距離巡航ミサイルの発射実験を行った。米国防総省は翌一九日の声明で、「カリフォルニア州サンニコラス島での通常兵器構成（核弾頭を搭載していない）の地上発射型巡航ミサイル」の実験に成功したと発表し、併せて、「この実験で得られたデータと教訓は、国防総省による今後の中距離ミサイル能力の開発に役立つ」と説明した。ＩＮＦ全廃条約が失効してからわずか二週間余りでの発射実験は、米国の中距離弾道ミサイル開発の強い意思を示すメッセージとなっている。

本筋の話からは逸れるが、**ここでの日本にとっての問題は、米国の陸上配備型の中距離弾道ミサイルがどこに配備されるかである。米国が、中距離弾道ミサイルをもって中国を射程に収めようとすれば、日本が第一の候補に挙がると考えられるからだ。**オーストラリアからでも、中距離弾道ミサイルを用いて中国本土を狙えるが、距離から考えると中国南部を射程に収めるのが現実的だろう。

日本は米国の要求に向き合わなければならなくなるかもしれない。日本は簡単に米国の要求をのむわけにはいかない。敵の先制攻撃を生き延びるためには、陸上を広い範囲で移動する必要があり、沖縄では狭すぎるだろう。これらミサイルは核弾頭を搭載する可能性もある。日本は、米国の中距離弾道ミサイル配備の要求に対して、核の持ち込みを含めて議論しなければならなくなるかもしれない。陸上発射の中距離弾道ミサイルの配備に慎重であるべき日本にとって、いかに米国に理解してもらうかが鍵になるだろう。

さらに、対艦弾道ミサイルなど、中距離弾道ミサイル技術を用いた兵器を使用するためには、衛星や無人機などを含む広範囲なセンサーおよび情報通信ネットワークが必要である。中国はすでに太平洋上に五〇〇万平方キロに及ぶ探知エリアを持っていると豪語する。現在の戦争は、宇宙とサイバー空間からはじまる。先に敵のネットワークを破壊あるいは無効化することが必須なのである。米国のネットワークはすでに世界をカバーしているが、中国の衛星破壊兵器やサイバー攻撃に対抗するために、クロス・ドメイン（領域横断）作戦能力の強化に努めている。

米中の軍事力増強の競争は、その能力がバランスするか、あるいは一方が競争についていけなくなるまで継続するだろう。米国が狙うのは、米ソ冷戦の終結と同様の結末である。中国が崩壊しなくとも、中国が米国との軍事力増強競争についていけなくなり、米国の要求に応じて、新たなＩＮＦ全廃条約のような軍備管理の枠組みに参加することとなのである。

米国も中国も戦争を望んではいないが、安全保障のディレンマは、米中両国を軍事力増強競争へと駆り立てる。中国が音を上げるまでその競争が終わらないのだとすれば、この競争は、少なくとも当面の間、終わることはない。その間は、米中間の軍事的緊張は高まり、不測の事態が生起する可能性も排除できない。

7 かく乱要因としてのロシア

中ロ空軍の合同パトロール

中国は、これまでも軍備増強を進めてきており、日本周辺の安全保障環境に対して徐々に影響を強めてきた。しかし、中国が対米姿勢を固めたことによって起こる最も大きな変化は、周辺国の反応とその影響である。そして、周辺国のなかでも最大の影響を及ぼすのがロシアなのだ。中国国防白書二〇一九の軍事協力に関する記述でも、国名が挙げられているのはロシアだけである。**ロシアとの協力はグローバルな戦略的安定を維持するために重要な意義を有するとされており、中国が今後、ロシアとの軍事協力を、米国に対抗するための主要な手段とすることを示唆している。**

ロシア側の発表によれば、二〇一九年七月二三日、竹島周辺で「領空侵犯」したとして韓国軍の警告射撃を受けたロシア軍機は、中国軍機と合同パトロールを実施中であった。領空侵犯したのはロシア空軍の早期警戒管制機（AWACS）A―50一機であるが、合同パトロール飛行は、ロシアの爆撃機TU－95二機とこのA－50、中国の爆撃機H－6二機と早期警戒管制機KJ－2000によって行われた。A－50およびKJ－2000が、それぞれロシア機および中国機を管制し、日本海でランデブーさせたのである。

翌二四日、記者会見した中国国防省報道官も「中ロ両空軍は北東アジア地域ではじめて共同で戦略的な巡航を実施した」と述べている。哨戒飛行にしても情報収集飛行にしても、複数機が編隊を組んだり近傍を飛行したりする軍事的合理性は低く、中国が「戦略的」と主張するように、合同パトロールには、中ロの軍事協力を誇示するための政治的メッセージを発信する戦略的意味合いが強いと考えられる。

北朝鮮が中国やロシアと協議して共同しているようには見えないが、それでも、北朝鮮の短距離ミサイル発射などの挑発行為も、明確になった中国とロシアの対米姿勢を見た北朝鮮が、この趨勢に便乗したとも考えられる。中国国防白書二〇一九でも明らかにされた中国の対米姿勢は、日本周辺および西太平洋地域における安全保障環境に変化をもたらしているのである。

中国とロシアは、軍事協定を結ぶ用意があるとしている。今回の合同パトロールは、政治的メッセージを発することが主たる目的で、戦略的ではあるものの、実質的な共同作戦とはいえないかもしれない。しかし、軍事協定の内容によっては、中ロの軍事作戦は飛躍的に効率を上げることになる。

鍵は情報共有だ。中ロ軍事協定はまだ完全にはまとまっていないとされるものの、両国は防空ミサイルシステムのレーダー情報を共有する可能性があるとしている。対空レーダー情報を共有すれば、中ロ両国は、米国のミサイルに対する防御力を高めるとともに北東アジア地域における航空優勢獲得競争を有利に進めることができるかもしれない。日本の自衛隊機だけでなく、米軍機も自由に北東アジアの空域を飛行できなくなるかもしれないのだ。航空優勢を失えば、海上での行動も制限を受ける。エアカバーのない艦隊は、空からの波状攻撃に耐えることは難しい。

そして、二〇一九年一〇月四日、ロシアは中国と共同でミサイル早期警戒システムを開発すると発表した。

軍事的緊張の存在はロシアにとって好都合

中国国防白書二〇一九が、ロシアに続いて欧州との協力について述べるのは、トランプ政権の政策に警戒感を持つ欧州各国が「戦略的自立」を模索しはじめたことを受け、米国と距離を置こうとしている欧州を米国から引き離す好機だという中国の認識を反映したものだと考えられる。次に、アフリカ、南米、カリブ、南太平洋の開発途上国との軍事協力に言及する。これら、中国が軍事協力の対象とする国や地域に関する記述は、中国の軍事外交の重点を示すものだ。

中国は、米中対立ではなく、国際社会と米国との対立という構図を描こうとしている。その構図を国際情勢認識に明確に示す一方で、中国は国際社会のために大国としての責任を果たすとし、中国の軍備増強が透明性を担保した合理的で適正なものであると主張するのだ。これらの主張は、国際社会の支持を得るためのものであり、中国が、直接の軍事衝突に至らない軍事的手段および外交的手段を用いて米国に対抗するという意図を表明したものと理解できる。

しかし、中国より先に、こうした米国対国際社会の対立の構図で米国との対決姿勢を明らかにし、中ロ軍事協力の強化を謳ったのはロシアである。

二〇一四年のウクライナ侵攻以降、米国をはじめ国際社会から孤立して追い詰められたロシアが二〇一五年に発表した「国家安全保障戦略」では、米国の一極支配を非難し、世界を多極化すべきだとした。そして、多極化する国際社会が不安定化するのを防ぐためには「力」が重要であるとして、経済力に劣り、軍事力に頼らざるを得ないロシアの影響力維持を狙う。さらに、中国との協力強化は、「グローバル・地域レベルでの安定性維持の鍵」であるとした。

一方で、二〇一九年になって、中国がロシアと同様の国際情勢認識を示し、中ロ軍事協力を強調したのは、二〇一四年当時のロシアと同様に、追い詰められているからだといえる。米国の中国に対する圧力は、それほど中国に強い危機感を与えているのだ。追い詰められた中国とロシアの、米国に対抗するための軍事協力は、現段階では実際に米軍と戦闘するために共同作戦を実施するものではなく、米国に対して軍事的優勢を誇示しようとするものだろう。

米国も中国も、そしてロシアも、実際に戦争したいとは考えていない。相互に軍事的優勢を誇示し、どこかの時点でバランスが取れれば、冷戦構造は確立する。しかし、ロシアはかく乱要因である。経済的には影響力を行使できないロシアにとって、軍事的緊張が存在するほうが、自らが影響力を維持するのに好都合だからである。ロシアは、ロシアの都合で、中国との軍事協力を必要としているのだ。

第6章

構造化する米中新冷戦

1 米中の外交努力が世界を二分する

中国を震撼させたコソボ空爆

建国七〇周年記念大会における習近平主席の「重要講話」には中国が国民に対して伝えたいメッセージが含まれている。「今日、社会主義中国は世界の東方に厳然とそびえ立ち、いかなる勢力も我々の偉大な祖国の地位を揺るがすことはできず、中国人民および中華民族の前進の歩みを止めることはできない」という部分がそれである。

世界の東にそびえ立つのが中国なら、西にそびえるのは米国だろう。世界に中国と米国がそびえ立つというイメージを国民に示したかったのだ。

軍事衝突を避け、外交努力によって問題を解決したいと考えるのは、日本だけでなく、米国や中国も同様である。

米中新冷戦ともいえる構造の下で、貿易戦争で劣勢に立たされ、軍事力でも米国に及ばない中国は、外交戦で負けるわけにはいかないだろう。国際社会で批判されることは、中国にとって存亡にもかかわる問題なのだ。

二〇一九年七月一二日、サウジアラビア、ロシアを含む三七カ国が国連人権理事会に書簡を送り、中国の新疆ウイグル自治区における政策を支持したと報じられた。この書簡は、人権問題を政治化することに反対し、中国が人権問題の領域でも顕著な成果を上げたと主張した。書簡はまた、職業教育訓練センターの設立を含め、中国が新疆において採ってきた対テロ政策を評価している。さらに、新疆ではすでに三年間、テロ攻撃が起こっておらず、人々は、より強い幸福感と満足感、安全感を享受しているとすら述べたのだ。

書簡に記された内容は中国の主張そのものである。中国が自ら主張したのではないとしても、連名で書簡を送った国々に対して中国の働きかけがあったと考えるのが妥当だろう。しかも、この書簡の内容は、欧米諸国の中国批判に対抗するために送られたものなのだ。

欧米諸国の中国批判とは、たとえば、国連人権理事会における欧米諸国を中心とした中国批判である。国際人権団体ヒューマン・ライツ・ウォッチによれば、二〇一九年七月上旬、国連人権理事会において二二カ国が共同書簡に署名し、中国に対して、新疆におけるムスリムの大量拘禁と関連する人権侵害の停止を強く求めた。

新疆は、中国共産党が、少数民族であるウイグル人を弾圧している地域だとされる。二〇一八年八月には、国連が、中国が新疆に設けた政治思想の再教育のための収容所に一〇〇万人ものウイグル人やイスラム教徒を強制収容しているという報道について、「深い憂慮の念」を表明した。同年四月には、米国務省が発表した人権状況に関する報告書が、突然身柄を拘束されたウイグル人に言及した。中国当局は一貫して収容所の存在を否定しているが、政府が過激派と見なした人向けの「再教育」プログラムの存在は認めている。

中国が国際社会の批判をかわそうとするのは、それが中国の政治体制の存続にかかわる問題だからである。**中国は、人権問題が、米国が中国に対して武力行使しようとする際の口実になるかもしれないと恐れている。人道的介入である。**一九九九年のコソボ空爆は、NATOが人権侵害を理由に武力行使したとして中国を震撼させた。

そして中国は、翌年の二〇〇〇年に開催されたFOCACにおいて、国際関係は不平等に満ちていると主張しはじめたのだ。中国がいう不平等には、経済的にも軍事的にも優位である欧米諸国が、自分たちの都合のために、人権侵害などの問題を口実にして、軍事介入していることなども含まれている。欧米先進諸国が、自らの権益を守るために恣意的にルールを運用しているということだ。

中国が国内で人権侵害していると国際社会が認めれば、少なくとも米国はそれを理由に中国に対してより強い圧力をかけるだろう。ただでさえ、現在、中国は、米国の経済的、外交的、軍事的圧力によって、経済は大きなダメージを受け、内政も不安定化しているのだ。そのため、中国は、外交戦をしかけて、米国に口実を与えないように国際世論を形成しようとするのである。

中国の政策を支持する書簡を送った国々のなかには、中国同様に国内の人権問題に触れてほしくない国もあり、他の理由で中国を支持する国もある。ロシアは、米国と中国が対峙したほうが、大国のステータスを維持するのに有利だと考えるだろう。米国が一方的に優位に立たないように、中国を支持するという動機は考えられることである。

また、本来であれば、中東などのイスラム国家は、ウイグル人に対する人権侵害に怒って当然であるが、中国の経済的な報復を恐れれば中国支持に回るだろう。現在、多くの開発途上国や経済危機に陥った国が、中国の支援または投資を受け入れており、中国との経済関係に配慮しなければならないことを考えると、中国の外交戦も経済的影響力があってこそ効果を発揮することができるのかもしれない。

中国は積極的に軍事外交を展開している

外交は、平和と安定を保つために行われるものだけではない。単なる平和的な対話の場でもない。**日本では、外交というと、友好的に話し合いをするというイメージがあるかも**

しれないが、外交はきれいごとで済むものではない。直接の軍事衝突の代わりに、各国が生存や国益をかけて戦うのが外交なのだ。

外交は、国際社会、あるいは特定の社会、二国間関係などにおいて、自らの優位を得るために展開されるものである。時には、他国間の関係を悪化させたり、地域の軍事的緊張を高めたりすることが、自国にとって有利に働くこともある。外交は、世界を救うために行われるものとは限らない。自国の利益のためにこそ行われるものなのだ。

一般的に、日本や西欧先進国は世界平和を維持しようとする傾向にあるが、それは、平和で安定した国際社会や地域が、日本や西欧先進国に利益をもたらすからに他ならない。その意味では、日本社会が一般的にイメージする外交は、実際に展開される外交の一部に過ぎないのだ。

そして中国の外交戦も、会議の場だけで戦われているわけではない。中国は同時に、積極的に軍事外交を展開している。「軍事的手段を用いず、外交的手段で問題を解決する」といった表現を聞くこともあるが、ここでいう軍事的手段とは直接の軍事衝突を指すものであり、外交には軍事力の使用も含まれている。

対話だけが外交だと考えていると、中国などの軍事活動の意味を正確に理解できない。中国が展開する軍事外交について述べているのが、中国国防白書二〇一九だ。

2 中国国防白書に見る米国との対決姿勢

「いま再び新たな長い道のりがはじまった」

二〇一九年七月二四日、中国国務院新聞弁公室が中国国防白書二〇一九『新時代の中国の国防』を発表した。二〇一五年五月二六日に、中国国防部が、『中国の軍事戦略』と題した中国国防白書二〇一五を発表してから四年が経過している。

中国国防白書は、一九九八年以降二〇一〇年まで二年ごとに発表されてきた。二〇一〇年から二〇一三年まで三年の間が空いたが、その次の発表は二〇一五年で、やはり二年間隔であった。二〇一二年に発表されなかったのは、その年の秋に、新たな指導者を選ぶ党大会を控え、新指導部の国際情勢認識や国防方針がわからなかったからかもしれない。

ではなぜ中国は、二〇一七年に国防白書を発表できなかった、あるいはしなかったのだろうか。それには、トランプ大統領の登場に関係しているとも考えられる。米国の評価および米国に対する姿勢について、中国国内でコンセンサスが得られていなかったのだろう。

しかし、米国の対中強硬姿勢が、トランプ大統領だけではなく、米国議会やそれを後押しする米国経済界に共通したものだということが明らかになるにつれ、中国は、譲歩するだけでは米国の圧力をかわすことができないと考えはじめた。

報道によれば、二〇一九年五月、中国政府は、米中貿易交渉の合意文書案の全七章に修正を加えて、米国側に提示した。米国は、「(中国側は）通商合意の核となる構造の土台を壊してしまった」と認識している。

中国国内にも、対米姿勢の変化が確認できる。米国メディアによれば、中国指導部は、米国との貿易紛争をめぐる対応の一つとして、国営メディアに「貿易戦争」という言葉の使用を禁じていたが、トランプ米大統領が追加関税賦課を再び発表したことでこれが変わり、二〇一九年五月頃には再びこの表現が多用されるようになった。

一方、中国政府と中国共産党の公式メディアは、結束して外圧に抵抗するよう国民に呼びかける論説記事を盛んに配信しはじめた。同年五月一三日、中国共産党系メディアは、ウェブサイトに掲載した論説で、米中貿易紛争は「人民戦争」であり、中国全体への脅威だと論じた。

また、**習指導部は、米国との貿易戦争をめぐり、長征になぞらえて、国内に持久戦への備えを呼びかけている。**習主席は、江西省にある長征記念公園で「いま再び新たな長い道のり（を進む戦い）がはじまった」と語ったのだ。国民党軍に敗れた中国共産党軍が拠点の江西省瑞金を放棄し、一九三四年から三六年まで一万二五〇〇キロを歩いたのが長征である。

習主席は、米中貿易戦争によって中国が受ける経済的ダメージは大きく、その苦境は長く続くと、あらかじめ国民に予言して心の準備をさせ、その苦難を乗り越えて勝利をつかむのだ、と国民を鼓舞したのだ。

このような中国国内の状況および対米姿勢の変化を見ると、中国共産党内では、米国に対抗するという、ある程度のコンセンサスが取れたのではないか。そのコンセンサスに基づき、米国を名指し批判する国防白書を発表したのではないかと考えられるのだ。

戦略目標から具体的な政策へ

中国国防白書二〇一九『新時代の中国の国防』は、二〇一七年一〇月に開かれた一九大（中国共産党第一九回全国代表大会）の主題であった「新時代」を主題として掲げている。中国共産党指導部が「新時代」を二〇一七年以降の五年間の主題として掲げて以降、ほぼ三年を経て、改めて「新時代」を主題にしたことは、習指導部が提示してきた方針などを、対米姿勢に当てはめて示したかったということだ。

中国国防白書二〇一九は、緒言、1．国際安全形勢（国際安全保障情勢）、2．新時代中国防御性国防政策（新時代における中国の防御的国防政策）、3．履行新時代軍隊使命任務（新時代における軍隊の使命任務の履行）、4．改革中的中国国防和軍隊（改革の中にある中国の国防および軍隊）、5．合理適度的国防開支（合理的で適切な国防支出）、6．積極服務構建人類命運共同体（人類運命共同体構築への積極的取り組み）、結語、から構成されている。

中国国防白書二〇一五の構成が、緒言、1．国家安全形勢（国家安全保障情勢）、2．軍隊使命和戦略任務（軍隊の使命および戦略的任務）、3．積極防御戦略方針（積極的防御戦略方針）、4．軍事力量建設発展（軍事力の建設および発展）、5．軍事闘争準備、6．軍事安全合作（軍事安全保障協力）、となっていることと比較すると、中国国防白書二〇一九の軍事外交重視の特徴が見えてくる。

中国国防白書二〇一五が「戦略」レベルの目標について述べているのに対し、中国国防白書二〇一九は「政策」レベルの内容になっているのだ。ボリュームも異なる。中国国防白書二〇一五は一万字足らずであったが、中国国防白書二〇一九がその二倍近い字数となっていることも、より具体的な政策を述べようとしたことの結果であろう。

緒言に続いて最初に述べられるのが情勢認識である。情勢認識の部分を見れば、中国の意図を理解することができる。

中国国防白書二〇一五は、「国家安全保障情勢」という項建てになっており、「中国の発展は、まだ大いに伸びる余地がある重要な戦略的時期にあり、外部の環境は総じて有利である」と述べるように、あくまで中国を中心に、特に「中国の発展」にとって有利か不利かという視点で、世界および地域の安全保障情勢を分析する形式をとっている。

これに対し、中国国防白書二〇一九は、「国際安全保障情勢」の項において、「国際社会における戦略的競争は激しさを増している」という主張が中心になっており、国際社会のシステム・レベルに焦点をあわせた、客観的な情勢分析の形をとろうとしている。

このような視点で情勢を分析するのは、米国を、中国にとっての脅威とするのではなく、国際社会にとってのかく乱要因であるとするためだと考えられる。**中国国防白書二〇一五は、国際情勢は中国の発展に有利だとしているのに対し、中国国防白書二〇一九は、国際的な安全保障環境が悪化していると情勢認識を変化させている。**その原因が米国だという。

中国国防白書二〇一九は、「国際戦略的競争が勢いを増している。米国が国家安全保障戦略と国防戦略を調整し、単独行動主義政策を展開し、大国間競争を惹起し激化させ、軍事費を大幅に増額し、核、宇宙、ネットワーク、ミサイル防衛などの領域における能力向上を加速し、グローバルな戦略的安定を損ねている」と述べ、米国を非難しているのだ。

中国は、国防白書において米国との対決姿勢を示したことになるが、米国と中国の対決ではなく、国際社会と米国の対決だと主張している。中国は、米国との戦争に勝てない限り、単独で米国に対決することはできない。中国国防白書二〇一九の情勢認識に関する記述は、米国との直接対決を避け、国際世論工作を主とする外交戦を展開するという中国の意図を反映したものだといえる。

はじめて国防白書で明確に米国を非難

中国が国防白書で明確に米国を非難するのははじめてのことであるが、米国との対決姿勢に変わりはない。世界経済および戦略の重心は引き続きアジアにあるとし、米国がアジアにおける軍事同盟を強化しているとする。その文脈のなかで、日本とオーストラリアの安全保障政策および軍事活動についても述べられているが、米国の同盟国としての位置付けで、安全保障環境悪化の根源は米国であるという印象を与える。

そして、「国家が直面する危険と挑戦を座視することはできない」として第一に掲げるのが、台湾独立勢力である。この部分も、米国の対中姿勢に関係している。米国の台湾に対する積極的な軍事協力の姿勢に対抗するものだと考えられるからだ。続いて、陸上の境界紛争、島嶼領土問題および海上境界紛争を挙げ、域外国家の艦艇や航空機が幾度も中国の領海および島、岩礁付近の海空域に侵入して中国の安全に危害を加えているとする。南シナ海における米海軍のＦＯＮＯＰｓを念頭に置いた表現である。

中国は、米国が国際社会の安定を損ねていると非難する一方で、中国の軍備増強および軍事的活動の正当性を主張している。

中国国防白書二〇一九は、新時代の人民解放軍が履行する使命と任務として、「国家の領土、主権および海洋権益を維持し保護する」「常に準備を怠らない戦備状態を保持する」「実戦化された軍事訓練を展開する」「重大な安全保障領域における利益を維持し保護する」「反テロ安定維持行動を遂行する」「海外における利益を維持し保護する」「緊急災害派遣に参加する」ことを挙げている。

これらの内容は、目新しいものではなく、これまで中国共産党指導部が提示してきた方針を総括した形で提示したものだ。ただし、各項目を説明するなかで、ごく一部ではあっても、数字などのデータを示す努力が見られる。これは、中国が、自らの国防政策や軍事活動が透明性のあるものであると主張しようとしていることを示している。

国防予算の透明性の演出

中国が、中国国防白書二〇一九において透明性を主張するもう一つの内容が国防予算であり、軍備増強と軍事活動の正当化および国防予算の透明性の演出が試みられている。

ここでは、中国の国防予算がGDPに占める割合についての数字を時系列で示し、最近の三〇年は一貫して二％以内に収まっているとして、中国は軍備増強のために過大な支出をしていないと主張している。また、国防費の国家財政支出に占める割合も示し、この数字が下降傾向にあることを示して、中国が過度の軍備増強を進めているというイメージの払拭に努めている。

この項で目を引くのは、中国の武器装備品の研究開発費も公表される国防費に含まれると主張していることである。これまで一般的に、中国の国防予算には武器装備品の研究開発費などが含まれておらず、実際の中国の国防予算は公表されているものよりはるかに大きいといわれてきた。中国国防白書二〇一九は、こうした分析を否定して中国の国防費に関する透明性を主張し、急速に軍備増強しているというイメージを否定しようとしているのだ。

そして、中国の国防費は合理的な理由に基づいているとし、各国国防費のＧＤＰに占める割合および財政支出に占める割合と比較して、中国の国防費が決して突出して大きいわけではないと主張している。こうした主張は、中国に対する軍備増強についての国際社会の批判をかわすために行われていると考えられる。

国連安全保障理事会常任理事国という地位

中国の軍備増強などの正当性を主張した後、中国国防白書二〇一九は、中国の国際貢献について述べる。それも、大国としての責任を果たす、という文脈においてである。中国は、各国人民の期待を反映して、「人類運命共同体の構築」を目指しているのだと主張する。中国は、二〇一二年の一八大（中国共産党第一八回全国代表大会）から人類運命共同体という考え方を提示しており、新しい概念とはいえないが、ここでは、「人類運命共同体の理念を実践し、大国の軍隊としての責任を積極的に履行する」と述べて、自らの大国意識を表明し、人民解放軍が国際的な問題に積極的に関与する意思を示している。

最近の中国は「大国の責任」を強調しはじめた。中国は、大国として、これからの国際秩序形成に主導的立場で参加するということだ。たとえば、二〇一八年一二月、各中国メディアはアデン湾海賊対処活動派遣一〇周年を特集し、これら記事のなかでも、繰り返し「大国の責任」という表現を使用している。

中国の大国としてのステータスを支えるものの一つが、国連安全保障理事会常任理事国という地位である。「断固として国連憲章の主旨と原則を維持し保護する」と題した部分のなかで、中国は「国連創始メンバーおよび安保理常任理事国として、中国は国際的な取り組みにおける国連の中核的役割を断固として維持し保護する」と述べる。

中国がこうした国連に関する発言を繰り返すのは、国連が中国にとって都合の良い枠組みだからだ。中国が嫌うG７の枠組みとは異なり、国連では、先進国だけが国際的な問題解決に取り組むのではなく、参加国全てが発言権を持ち、開発途上国の意図も反映される枠組みとなっている。

中国は経済支援および投資などを通じて、自らの支持者として開発途上国を取り込もうとしてきた。中国は、国連を、自らの意向を反映させやすい枠組みであると考えているともいえる。さらに中国は、安保理常任理事国として拒否権も持っている。

中国はこれまでも、協力とウィンウィンを中核とした新型国際関係を構築すると宣言してきた。たとえば習主席は、二〇一五年九月三日に実施した軍事パレードにおいて行った講話のなかで「各国は国連憲章の主旨と原則を中核とする国際秩序と国際システムを共同で維持し保護しなければならず、協力とウィンウィンを中核とする新型国際関係を積極的に構築しなければならない」と主張している。

中国の意図を対外的に発信

中国国防白書二〇一九の内容を総括すれば、中国は、**「米国が国際社会の安定を損ねているので、合理的で透明性の高い軍事力整備をしている中国が大国として主導的役割を果たし、その中国の指導の下に国際社会が米国の行動を抑え込まなければならない」**と主張しているのだといえる。

中国国防白書を発表して米国への対応を公表した以上、中国はその対米姿勢を簡単に崩すことができなくなった。このことは、対米姿勢について、すでに中国国内である程度のコンセンサスが取れたことを意味している。

中国が対米姿勢を固めたことは、国際社会および地域の安全保障環境に大きな影響を及ぼすものである。中国は、台湾問題を含め、米国の武力行使を抑止し、もし生起した場合にはこれに抵抗するため、自らの軍備増強を加速している。さらに中国は、ロシアとの軍事協力を強化して、東アジア地域および西太平洋における軍事的活動を活発化させているのだ。

同時に中国は、米国対国際社会の構図を実現するために、他国の支持を取り付けなければならない。中国は、責任ある大国として、国際社会の安定と繁栄を護るために軍備増強していると主張し、特に、開発途上国や経済危機に陥った国々の支持を取り付けようとしている。

中国国防白書は、中国語、英語および日本語の三つの言語で発刊された。中国国防白書を作成した中国軍事科学院は、中国国防白書の内容および意図を説明するために日本をはじめとする主要国に代表団を送り、政府や民間シンクタンクで会合を開いて、日本側の質問にも答えている。中国国防白書は、中国の意図を対外的に発信するものでもあるのだ。各国に中国の意図を理解してもらわなければならない。

しかし、軍備増強や軍事力の使用に関する説明だけで、中国の意図や活動に対する国際社会の支持を得ることは難しい。そのため、中国は用いることができる手段を全て用いようとする。なかでも、中国が国際社会のなかで支持を得ようとする試みの筆頭が、これまでも繰り返し述べてきたパブリック・ディプロマシーなのである。

3　東南アジアに接近する中国

東南アジアで進める世論工作

中国の得意なパブリック・ディプロマシーは、米国にとどまらず世界各国で展開されているが、そのうち、特に開発途上国に対する働きかけは、経済支援などと密接に関係していることが特徴である。

東南アジアにおいては、中国の経済進出が顕著である。インフラ投資も積極的に行っており、米国研究機関によれば、二〇〇〇年から二〇一六年までの間に東南アジアおよび大洋州に対し、四八〇億ドルが中国から投資されてきた。その大半は、インフラ投資、人道支援、政府への直接投資を含む財政援助、そして債務免除などであるという。

また、中国は南シナ海において軍事拠点化を進めている。二〇一四年に、中国が南沙諸島の七地形で急速かつ大規模な埋め立て作業を行っていることが確認され、わずか二年足らずでそれらは人工島へと化し、ファイアリークロス礁、スビ礁、ミスチーフ礁では、三〇〇〇メートル級の滑走路まで整備された。三〇〇〇メートル級の滑走路があれば、中国人民解放軍が保有するほぼ全ての航空機の離発着が可能である。さらに、人工島には軍事施設などの建造物が設置され、海軍基地、空軍基地、ミサイル基地などとしても使用可能になっている。

このように中国は、東南アジア地域に、経済的および軍事的進出を果たしてきたわけであるが、同時に現地の世論工作もかかさない。特にインドネシア、マレーシア、タイ、カンボジアに対するパブリック・ディプロマシーの比重は高いとされており、その分野は、教育、文化、メディアなど多岐にわたる。

たとえばASEAN諸国では、孔子学院が、タイに一六校、インドネシアに七校、フィリピン、マレーシアにそれぞれ四校、シンガポールに一校設置されている。このうち、タイに対してはメディアを駆使したパブリック・ディプロマシーも展開しており、タイの『ザ・ネーション』はすでにチャイナ・デイリー社との契約を結んでいる。

そうしたなか、**最近、東南アジア諸国では、中国主導の「秩序」に抵抗する動きが出はじめている。**たとえば、中国寄りで知られるフィリピンでは、ドゥテルテ大統領が自らの親中路線を変更しはじめた。

ドゥテルテ大統領は、就任当初から中国との領土問題を棚上げし、二〇一六年には中国から二四〇億ドルもの経済支援を受け入れるなど、親中姿勢を示してきた。二〇一七年には、中国からの申し出で、国内のイスラム過激派との戦闘をめぐりライフル銃三一〇〇丁と銃弾五八〇万発もの供与を受けた。しかし、最近になってドゥテルテ大統領の態度が一変した。二〇一八年八月には中国の海洋進出などに対し、国際社会ではじめて非難した。

東南アジアで散見される対中路線の変更

こうした対中路線の変更は、他の東南アジア諸国でも散見される。マレーシアのマハティール首相が、二〇一八年五月、中国が建設予定であった高速鉄道計画を中止したのだ。ナジブ首相（当時）は中国寄りで、二〇一六年にはファーウェイの本部を首都クアラルンプールに置くなど、中国がマレーシアの情報通信基盤を用いて東南アジアの顧客にまで手を伸ばそうとする試みを、事実上容認するような政策をとってきた。マレーシアは他にも、中国製レーダーやミサイルの導入も中国に打診されていた。

しかし、政権交代後、マレーシア国内では、中国への過度な依存を再検討する動きが強まっている。マハティール新首相は、中国と距離を置く姿勢を示しており、実際の対中政策も厳しい。一帯一路関連事業である中国政府系企業との二二〇億ドル規模の鉄道およびパイプライン計画を中止したり、マレーシアが拘束していたウイグル族一一名に対する中国からの送還要請を拒否し、一一名を釈放するなどの政策をとっているのだ。その後、一一名はトルコへ向かったと報じられている。

他方、政府内には中国に対する強気の態度にためらいもあるようだ。一方的に中国肝いりの一帯一路関連事業計画を中止すれば、財政負担が増してしまう。二〇一九年四月に、中止していた東海岸鉄道建設を再開することで合意したように、二〇二〇年五月まで凍結している高速鉄道計画も再開させる可能性もある。

また、シンガポール国内でも中国に対する警戒感が増大している。同国は、「慎重な外交を重んじる」ことで知られるが、そのシンガポールが異例にも他国のスパイ行為を公言したのである。同国は、二〇一七年には、シンガポール国立大学のリー・クアンユー公共政策大学院の黄靖教授を「外国のスパイ」であるとし、国外追放処分という異例の対応をした。「外国」とは「中国」を指すとされており、中国に対する態度を硬化させている。

二〇一八年六月にシンガポールのRSIS（S・ラジャラトナム国際関係学院）が米国のCSIS（戦略国際問題研究所）などと共催で行った会議では、中国のパブリック・ディプロマシーが議題に上った。シンガポールの元外務次官であるビラハリ・カウシカン氏は講演で、中国の働きかけを「心理操作」と位置付け、シンガポール人に対し、中国による「説得、誘導、強制」などの手段によって自分たち（シンガポール人）が中国に有利なほうに従わされることのないよう、注意喚起した。

また、シンガポールは、二〇一八年のＡＳＥＡＮ議長国であったが、同年八月のＡＳＥＡＮ外相会談で、はじめて中国の軍事拠点化を進める南シナ海問題の動向に「懸念」を表明した。一一月のＡＳＥＡＮ首脳会議で公表された議長声明のなかでも、中国と一部加盟国が領有権を争う南シナ海問題について「懸念に留意する」との表現が盛り込まれた。

タイが議長国となった二〇一九年六月の首脳会議の議長声明案では、「懸念」の文言が盛り込まれていなかったが、最終的には「懸念」が盛り込まれることとなった。領有権を争うベトナムなどが反発を強めたことが予想される。シンガポールの有力紙『ストレーツ・タイムズ』も、二〇一八年末、中国の「一帯一路」構想について、「失敗」に終わっていると報じ、インフラ開発競争において「日本が優勢」であると位置付けた。

ラオスでは、首都ビエンチャンと中国の昆明市を結ぶ六〇〇億ドル規模の高速鉄道計画に乗じて押し寄せた中国人労働者が、現地住民との間で不信感を醸成し、「数千人もがこのまま住み続けようとしているのでは」という憶測が広がってきているようだ。

サイバー攻撃による選挙介入

さらに、この地域に対する中国のサイバー攻撃の可能性についてもささやかれはじめた。二〇一八年七月末のカンボジア下院総選挙において、与党カンボジア人民党が圧勝し、三〇年以上続いたフン・セン政権の独裁体制が、向こう五年存続することとなったのだが、この選挙に中国がサイバー攻撃によって介入した疑いが持たれているのだ。サイバー攻撃は、ＮＥＤの報告では、明確なシャープパワーと関連付けられてはいないものの、**サイバー攻撃による世論操作については政治戦の活動形態として認められるところであり、中国は、サイバー攻撃によって世論工作や情報の歪曲などを行う意図も示している。**

このカンボジアへの選挙介入は、中国のサイバー攻撃技術の開発に係る「予行演習」だったといわれている。これは、今後、他のアジアの国や地域もサイバー攻撃の対象となる可能性を示している。この事案は、中国が同地域に対する世論工作の必要性を認識していることを示唆するものである。

一方で今後、『チャイナ・ウォッチ』や孔子学院など、米国においてシャープパワーと批判される中国のパブリック・ディプロマシーについても、同地域で警戒の対象となる可能性があることを示唆する。

中国のやり方に対する不信感

　このように東南アジア諸国では、中国の経済活動やパブリック・ディプロマシーの進出とともに、中国に対する警戒感が急速に高まりはじめている。こうした背景には、東南アジア諸国内の世論の変化があると考えられる。南シナ海問題で妥協したり、中国の巨額な経済支援を取り付けたとしても、中国からのインフラ事業が具体化しなかったり、着工に遅れが出たり、そのやり方も不透明である場合がほとんどだ。

　そうした中国のやり方に対する不信感や疲労感から、「中国の秩序形成に妥協しても、それに見合う経済支援が得られない」とか、「中国に主導権が握られることが気に入らない」などといった世論が増大していると考えられる。

　このように、開発途上国に対する中国のパブリック・ディプロマシーは、経済支援とともに増加傾向にあるが、他方、現地をはじめ国際社会のなかで中国の経済活動に対する不信感も見えはじめている。将来的には、こうした地域から、中国の世論工作の手法に対する厳しい見方が増加していく可能性があるといえるだろう。

4　アフリカは中国支持に回ったか

習近平主席のアフリカ諸国訪問

アフリカにおける中国の凄まじい経済進出についても周知のとおりである。現在の中国とアフリカの関係には、アフリカ諸国の政府や市民の取り込みを狙う中国当局の思惑と、中国のパブリック・ディプロマシーが果たす役割が垣間見える。

中国・アフリカ関係は、二〇〇〇年に開催されたＦＯＣＡＣ（中国・アフリカ協力フォーラム）を起源として発展していったともいわれる。同フォーラムは、二〇〇〇年以来三年おきに開催されている。二〇一八年に北京で開催されたフォーラムでは、中国はアフリカ諸国への金融支援に六〇〇億ドルの拠出を表明し、前回二〇一五年と同規模の財政協力を維持する構えをみせた。

さらに中国は、習主席によるアフリカ諸国への直接訪問によっても、現地でのプレゼンスを拡大させている。

2018年7月21日、アフリカのセネガルを訪問する習近平主席。AFP＝時事

二〇一八年七月、習国家主席はアフリカなど五カ国（アラブ首長国連邦、セネガル、ルワンダ、南アフリカ共和国、モーリシャス）を訪問し、アフリカ外交を再強化する姿勢をみせた。また、南アフリカはＢＲＩＣＳ首脳会議に出席し、米中貿易摩擦を激化させているトランプ政権を強く牽制するとともに、中国の存在感をアピールした。

中国がアフリカでの影響力拡大を試みる理由として、開発途上国の盟主としてアフリカ諸国を味方につけて国連外交などで主導権を握ることの他、豊富な資源の確保などが挙げられる。一帯一路構想においてアフリカ・ルートを強化する狙いもあり、今後も同地域との協力を強化していくと考えられる。

また、中国の軍事的プレゼンスも増大して

いる。アフリカ東部および南部の国や地域が港を軍事基地化して中国に提供する可能性があり、米国などは警戒感を高めているのだ。ジブチの他、中国はアフリカにおける新たな軍事拠点化を目指していると報告されている。

しかし、中国とアフリカの関係が深化しているにもかかわらず、アフリカ諸国内から批判が噴出する事態になっている。たとえばジンバブエでは、「中国との関係はジンバブエ自身の利益になっていない」といった見方も出ているといわれており、また国際社会では「中国の政策は、アフリカ諸国の政治や人権といった情勢・状況にそぐわない」という分析もなされている。

アフリカメディアに対する働きかけ

こうした中国の対アフリカ政策に対するネガティブな見方や批判を背景とし、中国は、アフリカ各国における自国のポジティブなイメージを維持するために、「ニュー・パブリック・ディプロマシー」を展開しはじめたといわれる。二〇一八年のＦＯＣＡＣでは、中国とアフリカの関係強化が約束されたばかりだ。

中国の代表的な対アフリカ・パブリック・ディプロマシーは、メディアを通じた世論工

作である。欧米で増加する対中批判に対抗し、アフリカでのイメージアップ、さらには、対中支持を増加させるためには、ターゲットとなる世論に、中国そのものへの知識や中国の価値に対する理解をつくり上げることが必要であるとの認識に立ち、中国はアフリカ向けにパブリック・ディプロマシーを展開してきた。

新華社やＣＲＩの支局を増やし、二〇一二年には、チャイナ・デイリー社や、ＣＣＴＶアフリカを開設し、英語でアフリカ全地域に関するニュースを流しはじめた。開設当初のケニアのＣＣＴＶアフリカ総局には、一〇〇人ものスタッフがいたともいわれている。

さらに、アフリカ各国のメディアに対して、中国は、数百万ドル規模の投資を行ってきたとされる。中国側が費用を全面負担し、アフリカ人記者を招聘している事業もある。二〇一五年、アフリカとのサミットの場で、習主席は今後三年間のうちにアフリカ人記者を三〇〇〇人育成することを表明した。このプログラムでは、記者一人を育成するために六〇〇〇～八〇〇〇ドルの費用がかかるとされ、三年間の育成にかかる費用だけで、合計一八〇〇万～二四〇〇万ドル支出されたことになる。

その狙いは、アフリカ国内の中国関連報道に間接的に関与し、中国にとって都合の良い報道をさせることで、アフリカの対中世論づくりを行うことである。

また、中国は文化面でもプレゼンスを高めている。二〇〇五年、ケニア大学にアフリカ初の孔子学院が開設されたことを皮切りに、アフリカ大陸に次々と孔子学院が誕生した。今日まで孔子学院は増え続け、二〇一九年までにアフリカの五九カ所に開設され、一四〇万人以上が授業を受けてきた。米国などでは中国政府のプロパガンダと批判されることが多くなった孔子学院であるが、中国は強気の姿勢を崩しておらず、今後もアフリカで数を増やしていく構えである。

現在、アフリカの多くの国で第一外国語として中国語を選択する若者が増えているという。中国のパブリック・ディプロマシーはアフリカの若者の興味や価値観に大きく影響しているとみられる。

実際のアフリカ世論における対中観も、中国のプレゼンスの高まりに影響を受けている。外務省の世論調査によると、二〇一七年度時点では、アフリカ世論のうち、「最も信頼できる国」を「中国」と回答した割合が三三％で最多となった。一方、「日本」と回答した人はわずか七％にとどまった。

また、「現在の重要なパートナー」については、やはり「中国」が一位の五六％で、その次は「米国」三九％、「フランス」三二％、「日本」二八％となった。「今後重要なパートナー」についても、やはり「中国」が最多の四八％であった。

中国による債務の罠

一方で、**アフリカ現地では、アフリカ諸国と中国の急速な接近と中国の経済進出とともに押し寄せた中国人に対する不信感が高まりつつあるのも事実である。**中国人労働者が、現地住民に人種差別的行為をするといった事態が起こっているのだ。

ケニアでは、進出した中国系企業の中国人従業員が、ケニア人の同僚の従業員を「猿」呼ばわりするなど、人種差別を行っているとされ問題となった。問題が明るみに出たのは、ケニア人従業員による現場の録音がきっかけであった。これを受け、ケニア政府は当該中国人を国外退去処分とするなど、対応に追われたという。

アフリカ諸国の中国による「債務の罠」は、欧米諸国の最大の懸念の一つだ。中国がアフリカ諸国への融資を大幅に増加させていることに対して、警戒感を高めているのだ。米国のボルトン大統領補佐官は、二〇一八年一二月に行われたヘリテージ財団での講演において、中国のアフリカに対する行為を「略奪的行為」などとし、「中国はアフリカを自国の要求に無理やり従わせるため、債務を戦略的に利用している」と厳しく非難した。中国などの影響力拡大に対抗すべく、アフリカ諸国との二国間貿易協定を進めるなど、新アフリカ戦略を発表した。

また、フランスも、かつての植民地であり自国の裏庭と見なしていることもあり、中国のアフリカ諸国への経済進出を懸念している。たとえばセネガルでは、中国がフランスを逆点し、第二位の貿易相手国となり、さらには中国企業がセネガル国内に進出、インフラ整備を急ピッチで進めている。

中国の開発途上国に対する経済支援と、それをてこにしたパブリック・ディプロマシーに対し、欧米諸国の不信感は、今後ますます高まっていくことが予想される。

最後通牒外交

中国の開発途上国に対するパブリック・ディプロマシーは、欧米などの先進国に対するものと比べ、厄介ともいえる。アフリカのような開発途上国に対するパブリック・ディプロマシーは、中国による経済的援助と密接にかかわっているので、パブリック・ディプロマシー自体が対象国から「排除」されにくいからである。つまり、中国は、経済支援を行う開発途上国に自国の要求をのませるために、援助の削減や中止などをちらつかせ圧力をかけるし、一方の開発途上国も、経済支援を断ち切られるのを恐れ、中国に対して強く出られない、ということだ。

中国のこうした手荒な手法を「最後通牒外交」（アルティメイタム・ディプロマシー）ともいうが、最近の定義になぞらえれば、「シャープパワー」ともいえるかもしれない。

しかし、**こうした開発途上国は、表向きは中国との良好な関係を語っていても、実際のところは、中国に対する不満や嫌悪感が広がっていないわけではない。**アフリカも例外ではないのだ。

中国が対アフリカ・パブリック・ディプロマシーのなかで主張する内容と、実際の中国の対アフリカ政策やアフリカにおける中国企業の立ち居振る舞いなどとが一致しておらず、中国のパブリック・ディプロマシーの効果が限定的なものとなってしまっていると考えられる。現地での中国政府や企業の態度が変わらない限り、アフリカにおける対中警戒感や不信感は徐々に拡大していく可能性も捨てきれない。

5 太平洋島嶼国における中国の焦り

急速に拡大している中国の経済支援

日本における太平洋島嶼国に対する認知度は低いものの、太平洋島嶼国地域における日本への好感度や親日度は、今なお高い。戦時中、日本が委任統治を行った国や、戦後に開発援助を行った国もあり、日本と太平洋島嶼国との関係は良好である。

日本との外交レベルでは、一九九七年から三年に一度開催される「太平洋・島サミット」が有名だ。太平洋島嶼国が直面するさまざまな問題について首脳レベルで意見交換を行い、地域の安全と繁栄に貢献するとともに、パートナーシップ強化を目指すサミットとして、国際社会からの注目も集まっている。

この地域において、中国はここ数年、経済支援などを通じてプレゼンスを急速に拡大させている。中国の支援額は、二〇〇五年の四〇〇万ドルから五年足らずで約四〇倍にまで拡大した。中国からの観光客も二〇一〇年頃から急増し、二〇四〇年までに約一〇〇万人を呼び込むことが可能となるともいわれる。また、世界銀行によれば、急増する中国市場の影響もあり、二〇四〇年までに一一万人以上の雇用が創出される。

さらには、中国はバヌアツにおいて、恒久的な軍事拠点を構築する意向を示しており、関連施設が建設される可能性もささやかれている。**バヌアツは、南シナ海における領有権問題で中国支持の立場を取っている数少ない国の一つであり、中国にとって安全保障戦略上、重要な国でもある。**

こうした中国の動きに対し、米国をはじめ、オーストラリアやニュージーランドなどの周辺国は警戒感を強めている。他方、中国およびバヌアツ政府は、軍事拠点化については否定している。

さらに中国は、パラオ、フィジー、パプアニューギニア、サモアといった太平洋島嶼国に対し、軍事をはじめ、漁業を中心とした経済、文化、教育、医療、村落開発に至るまで幅広い支援を行っている。太平洋島嶼国にとっては、GDPの大部分を外国からの援助に頼っており、中国からの経済援助は欠かせない。実際、太平洋島嶼国のなかでこうした中国からの投資や貿易の拡大を歓迎する声が多い。

その中国は、経済支援と同時進行で、太平洋島嶼国地域に対するパブリック・ディプロマシーも積極的に行ってきた。文化や教育での関与に焦点をあわせ、文化交流活動や、中国国営テレビの設置を通じて、現地の市場のみならず世論にまで接近し、ソフトパワーを浸透させてきた。

たとえば中国は、フィジー、トンガ、バヌアツ向けに、CCTVの無料放送を行っている。また、二〇一二年には、太平洋島嶼国地域最大の大学であるフィジー南太平洋大学において、孔子学院を設置し、またバヌアツおよびクック諸島では孔子課堂も稼働させ、中国語や中国文化などの教育を行っている。さらに、二〇一三年の「第二回中国・太平洋島嶼国経済発展協力フォーラム」開催以降は、奨学金提供や、技術専門家育成支援、研修プログラム実施・拡充など、教育支援や人づくりに邁進してきた。

太平洋島嶼国に触手を伸ばす三つの目的

中国が太平洋島嶼国地域に対する影響力の拡大を企図する目的は、台湾問題、地政学的重要性、海洋資源の三つであるといわれている。

一つ目の台湾問題については、現在台湾と国交を結んでいる一七カ国のうち約三分の一が太平洋島嶼国であることに関係している。中国にとって、台湾統一は中国共産党の中国統治の正統性にもかかわる問題である。台湾と外交関係を結ぶ国をなくし、国際社会で台湾を国家と認めさせないことが、中国にとっては重要なのだ。同地域では、近年、中国と台湾の国交争奪戦が激しく繰り広げられている。二〇一九年九月一六日にソロモン諸島が台湾と断交し、中国と国交を結ぶ方針を固めた。米国が引き止めを図っていたが、中国から得られる経済的利益を優先したと見られる。続いて同月二〇日にはキリバスが台湾と断交した。背景には中国が経済支援を約束したことがあるようだ。

二つ目の地政学的重要性は、太平洋における米軍のプレゼンスを牽制することである。太平洋島嶼国は、日本〜台湾〜フィリピン〜ボルネオ島にいたる第一列島線および日本〜サイパン〜グアム〜パプアニューギニアにいたる第二列島線の東側でハワイとニュージーランドを結ぶ第三列島線に貫かれ、米国太平洋司令部が所在するハワイの南側に広がっている。中国は、同地域を影響下に置くことによって、米軍のオーストラリアへのアクセスを遮断するという目的も持っているだろう。中国は、自らの太平洋での活動拡大と、米軍牽制のため、太平洋島嶼国を戦略的に重要な地域と位置付けているのだ。

三つ目の海洋資源については、太平洋島嶼国地域の広大なEEZ（排他的経済水域）における豊富な漁業資源および鉱物資源開発の可能性を睨んだものである。同地域は、人口や面積の規模および経済構造をはじめ、海洋資源や鉱物資源の存在状況についても、国によってさまざまだ。たとえば、パプアニューギニアは、天然ガスを含む鉱物資源の埋蔵量が豊富な資源大国であるし、キリバスやナウルでは、リン鉱石が採れる。また、ミクロネシア連邦やマーシャル諸島、キリバスなど、水産・漁業資源が豊富である国も多く、開発の可能性が指摘されている。

パラオに対する経済的圧力

他方、中国の影響力拡大を背景に、一部の太平洋島嶼国において、反中、嫌中感情が顕著に見られるようになったともいわれる。

私（楽原）が以前、事業でかかわった島嶼国の観光事業関係者らは、観光収入がGDPの約半分を占めるパラオにおいて、現地の中国人観光客に対する不満が高まっていると口にしていた。パラオでは、中国人観光客の急激な増加とともに、中国人観光客のマナー違反が増大し、現地の観光業関係者や住民の不満が高まっているのだという。

そうしたなか、中国は二〇一七年、パラオへの観光ツアーを事実上禁止した。中国が太平洋島嶼国地域に対して影響力を拡大させるなかでも、パラオは、台湾との国交を維持する国の一つであり、中国は自国側に寝返るよう圧力をかけている。この措置は、パラオに対する経済的圧力であり、中国の戦略目標を反映するものであると考えられる。そうしたなか、現在では「中国人観光客が減少するならほっとする」という声も多いという。

一方、パラオは、パラオの航空会社パラオ・パシフィック航空が、中国当局の圧力で中国人観光客が減少したことを理由に、中国との間で唯一運航していた香港路線を停止することを二〇一八年七月に明らかにした。台湾では、パラオが、中国の圧力を恐れず台湾と断交しない姿勢を堅持しているなどと、パラオを評価するような報道がなされている。

中国側の対応も関係しているとはいえ、パラオで対中警戒感が増大しているばかりでなく、他の太平洋島嶼国の一部でも対中警戒感も広がっている。パプアニューギニアでも、資源の大規模開発をめぐって問題が生起している。ニッケル・コバルト採掘処理工場に関して、土地所有や環境破壊をめぐる問題が浮上し、地元住民が反発するなどの事態が起こっているのだ。

強硬な手段を用いるほど現地の反発は強くなる

中国は、太平洋島嶼国における台湾をめぐる外交的重要性、地政学的重要性、そして豊富な資源という可能性を見出し、経済支援やパブリック・ディプロマシーを積極的に行っている。太平洋島嶼国の中国に対する経済依存度が増せば、パブリック・ディプロマシーの効果と相まって、中国のプレゼンスが拡大し続けることになる。実際、ソロモン諸島やキリバスの他にも、ツバルなどが台湾と断交して中国と国交を結ぶ可能性があるとされている。

一方、**中国による急速なプレゼンス拡大は、地元住民の考えを無視した中国主導の強引なやり方に対する現地の警戒感や不信感の醸成にもつながっている。**中国の経済援助や投資は、現地住民に手放しで喜ばれているわけではないのだ。さらに、米国やオーストラリアなどが、こうした中国の動向に警戒感を募らせている。

太平洋島嶼国とアフリカにおける、中国の経済進出、それに伴うパブリック・ディプロマシーの積極的展開、中国の態度に対する現地での嫌中感情の発生、そして国際社会が、こうした中国の活動に起因する環境破壊や「債務の罠」に対して懸念を高めるといった一連の過程には、パターンの相似が見られる。

中国は、こうした反中感情を抑え込むため、シャープパワーを用いるとも予想される。パラオに対する圧力に見るように、中国は太平洋島嶼国における外交・経済活動の行き詰まりによって焦燥感に駆られ、より強硬な手段を用いる可能性もあるのだ。しかし、中国が強硬な手段を用いれば用いるほど、現地の反発は強くなり、同地域に対する中国の働きかけは、今後さらなる困難を強いられる可能性もあろう。

6 経済発展を失った中国共産党が頼るもの

習近平主席の権威低下を示す兆候

ここまで、米国と中国が政治戦をどのように戦っているのかを見てきた。米国は対中強硬姿勢を強め、中国に対して攻勢をかけ、米国の圧力によって中国経済が悪化していることに間違いはないだろう。

しかし実際には、**中国経済は、米国が中国に対して経済的圧力をかける以前から悪化しはじめていた。**二〇一一年以降、中国の経済成長率は降下の一途をたどっている。しかも、公表された数値においてである。実質的な経済成長の鈍化がどの程度のものであるのかについては種々の分析があるが、いずれも中国経済が悪化傾向にあることでは一致している。トランプ政権の誕生によって米国が対中強硬姿勢を鮮明にしはじめ、経済的圧力をかけはじめたのは、中国にとっては「泣きっ面に蜂」だともいえる。

中国共産党にとって、中国の経済状況が悪化するのは好ましくない。中国の国内政治お

図6–1　中国の経済成長率の推移

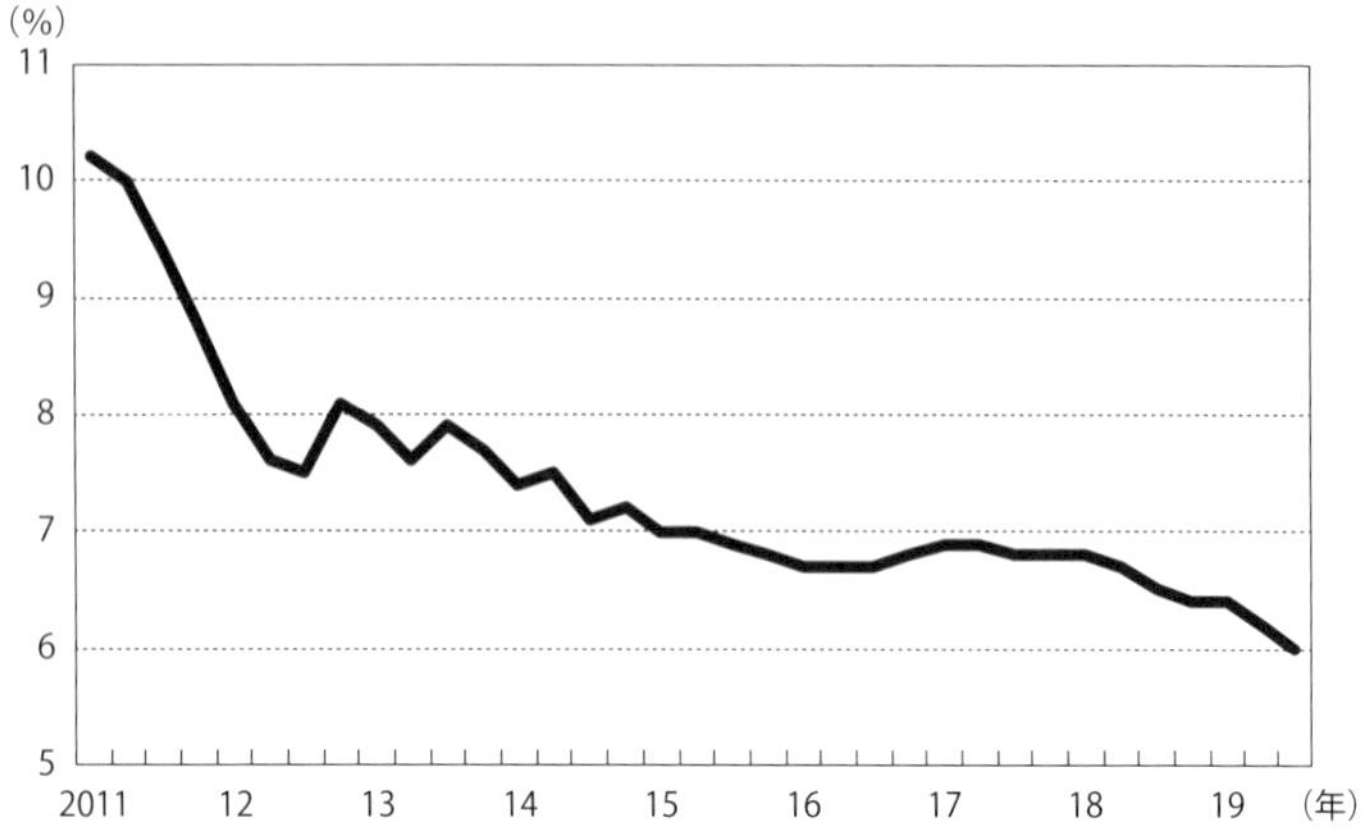

(出典) 中国国家統計局資料を基に著者作成。

よび社会が不安定化するからだ。経済状況が悪化すれば、全ての方針を決めている党中央の経済政策が批判される。国民は誰しも自分の生活が悪くなったと不満を持ち、政敵たちはここぞとばかりに習主席を攻撃するのだ。

現に、遅くとも二〇一八年七月頃には、習主席の側近たちが批判されている状況が垣間見えるようになった。特に、習主席の経済ブレーンで、中国の対米政策も担当している劉鶴副首相が批判の的になったとされる。それまで習主席に抑え込まれていた李克強首相の権威が復活したと見られるからである。八月の北戴河会議でも対米政策が議題に上り、長老たちが習主席を諭したともいわれている。

習主席の権威の低下と李首相の復権を示す兆候は、全人代二〇一九（二〇一九年度の全国人民代表大会）でも見られた。しかし、政府活動報告を行った際に李首相がハンカチで拭わなければならないほど汗をかいたのは、習主席の経済政策に挑戦することの緊張が原因かもしれない。もしそうだとすれば、習主席が、まだそれだけの力を維持していることの証でもある。

一方の習主席は、李首相が「報告」を行っている間は仏頂面を通し、ほとんど拍手もしなかった。李首相が本当に習主席の経済政策に挑戦するという認識があったのか、そのせいで緊張して汗をかいたのかは定かではないが、もし、そうなのだとすれば、中国国内の権力闘争の一端が垣間見えたようでドラマチックでさえある。

トランプ大統領は中国共産党の救世主か

しかし、日本であってもドラマを楽しんでいる余裕はない。習主席の権威が低下すれば、財政再建も経済構造の改革も難しくなってしまう。中国経済がこれ以上悪化すれば、日本やその他の国々が受ける経済的悪影響も拡大することになる。現在、中国から米国に対して強硬な姿勢と融和的な姿勢といった異なるシグナルが発せられることがある。これも、中国の国内政治が不安定化していることを示す兆候なのかもしれない。

中国共産党中央にとって最も恐ろしいことは、社会が不安定化することである。中国では、群体性事件と呼ばれる集団示威運動や暴動が年間一〇万件以上発生している。しかし、中国当局は、暴動がどれほど多く発生しようと怖くないという。暴動が起こっても、たとえば村のように極限された地域で抑え込むことができれば、中国共産党の統治に対する脅威にはならない。

しかし、不安や不満が中国社会に広がれば、これを抑え込むことは難しくなり、中国共産党の権威は地に落ちる。また中国経済が悪化すれば、中国共産党の政策の正当性が失われる。自分たちの生活が悪くなれば中国国民の間に不満が溜まるのだ。中国の経済は完全な市場経済ではない。中国共産党は、経済を悪化させないと保証し、国民の不満を抑え込もうとするだろう。しかし、それにも限界がある。中国共産党にとって、社会が不安定化するのは最も避けたい事態なのだ。

経済発展が減速し、国民の生活にも影響が出はじめたら、中国共産党が頼れるものはナショナリズムしか残されていない。中国の経済状況の悪化がトランプ大統領の誕生以前から起こっていたものだとしても、中国指導部は経済発展の減速を米国のせいにし、反米ナショナリズムを煽るだろう。そうすると、これも皮肉なことに、中国共産党にとって、トランプ大統領は二つの意味で、あるいは二つの段階で救世主となるかもしれない。

一つ目は、米国全体が対中強硬に傾くなかで、トランプ大統領一人が、中国とディールしてくれるかもしれないことだ。二〇一八年一〇月四日に、ペンス副大統領が米国シンクタンクで行ったスピーチは、全米中の対中不満を寄せ集めたような内容だった。

このスピーチは、必ずしもトランプ大統領だけが中国に対して強硬なのではなく、米国全体が対中強硬に傾いていることを示す象徴的なものになった。それどころか、米国議会は、共和党、民主党を問わず、トランプ大統領より強硬な姿勢を示すことが多い。その背景には、将来のビジネスの優位を確保しようとする米国経済界の支持もあるといわれる。米国防総省も、中国の軍備増強に警鐘を鳴らしている。

本気で中国を抑え込もうとしはじめた米国を止めることは難しい。ただ、そのなかにあって、トランプ大統領だけは中国とディールしてくれるかもしれない。たとえトランプ政権の他のメンバーが反対しても、である。

トランプ大統領個人は、自らの「成果」が強調でき、選挙のために国民の支持を集めることができれば、完全に中国を抑え込まなくとも、中国とディールする可能性がある。中国は、トランプ大統領とディールする以外に米国の圧力を回避することはできない。トランプ大統領だけが救世主になる可能性があるのだ。

二つ目は、それでも米国の対中強硬姿勢を変えることができず、中国の経済発展が致命的に影響を受けたとき、トランプ大統領にその責任を押し付けることができることだ。

中国共産党は、国民の愛国心にすがり、反米ナショナリズムを煽り立てるだろう。そのターゲットが、象徴的なトランプ大統領になるのだ。経済発展失速の責任を全てトランプ大統領に押し付けて、経済政策失敗の責任を回避し、さらに国民を中国共産党の下に結束させることができるのだとすれば、トランプ大統領は中国共産党にとっての救世主以外の何者でもないではないか。

問題は、現在の中国国民が、中国共産党の宣伝を信じるかどうかである。いくら中国共産党が国内の情報統制を強めようと、さまざまな方法で情報は流入している。すでに、多くの中国人が海外旅行に出かけているのである。

対米政策はより強硬になる

ナショナリズムを煽ることとの危険は、その矛先がいつ中国共産党指導部に向くかわからないことだ。矛先が自分に向かないように、中国指導部は、より強硬な対外政策を採らざるを得なくなる。そして国民は、対米感情をより悪化させ、中国指導部により強硬な対米姿勢を求める。負のループに入り込んでしまうのだ。

経済状況が悪化しても中国共産党の権威を維持する方法は、軍事力を誇示することだ。一つには、米国に対して、中国の目標達成のための行動を米国が妨害しようとしたら、米国を痛い目に遭わせる能力を中国は持っていると見せつけることである。もう一つは、国民に対して、中国共産党は、これだけ強大な軍隊をつくり上げ、米国の妨害を排除する能力を持っているのだから、信用していうことを聞け、というメッセージを伝えることである。そして、実際に中国は軍備増強に拍車をかけている。

中国共産党が、経済減速の責任をトランプ大統領に押し付けようとし、実際に経済が悪化したことによって反米ナショナリズムを頼ってその権威を維持しなければならなくなれば、対米政策はより強硬にならざるを得ない。**中国共産党は単独で、米中緊張のエスカレーション・ラダーを上っていくのだ。中国が対米姿勢を変えない限り、米中新冷戦構造は続くことになる。**

一方の米国は、中国が白旗を揚げない限り、あるいはトランプ大統領が選挙で勝利するために突如ディールをしない限り、対中圧力を緩和することはない。

米中の態度を見ると、少なくとも中国が具体的な将来を見通せる二〇三五年までは、米中新冷戦構造が続きそうだ。

7 米中冷戦はいつまで続くのか

米中新冷戦に逃げ込む場所はない

中国の習指導部が、米国との貿易戦争をめぐり、「長征」になぞらえて、国内に向けて持久戦への備えを呼びかけている。二〇一九年五月、習主席は中国共産党が二年かけて行軍した「長征」の出発点を訪れ、「いま再び新たな長い道のりがはじまった」と語った。長征とは、実質的には敗走である。中国は、米国に対してシャープパワーを用いた世論工作をしかけたが、失敗して攻撃を受けているといったイメージであろうか。

中国国民は、「長征」という表現を聞いて、中国が受けるであろうダメージの大きさと忍耐を強いられる時間の長さを感じているかもしれない。特に年配の中国人はそうだろう。中国の経済専門家のなかには、米中貿易戦争が二〇三五年頃までは継続すると予想する者もいる。「米中は今後、二〇三五年まで一方で交渉し、一方で戦う」といい、米中貿易戦争が長期化するというのだ。二〇三五年まで米中貿易戦争が続いた後の状況は、たぶん、現在の中国指導部にも想像がつかないだろう。

米中貿易戦争が長期化するということは、米中新冷戦が構造化し長期化するということである。習主席が「長征」を持ち出してくるということは、国民に対して、米中新冷戦が長期にわたって継続するぞ、と印象付けることなのだ。

米中新冷戦を特徴付ける構造の一つは、市場原理ではなく、政治的理由によって法的手段で二分化された市場である。さらに、米国がファーウェイなどの市場からの排除を進める理由となっている情報漏洩の問題は、中国共産党指導部の要求を誰もが拒否できないことに根本的原因がある。民主主義国家ではない中国には、国民が、統治者である中国共産党を監視し、その政策を批判したり、政権を交代させたりするシステムが存在しないからだ。

そうなると、米中の対立は、貿易戦争の枠を越え、政治体制間の競争という性格も帯びてくる。これが、米中関係が新しい冷戦構造の様相を呈しているということなのである。

中国は、経済的問題では譲歩できても、権威主義的な自らの統治システムを脅かすような改革を受け入れることはできないだろう。習主席が、「長期戦に備えろ」と号令をかけるのは、中国国内における中国共産党の絶対的統治者としての地位を譲るつもりはない、ということでもあるのだ。

長征は、実質的には敗走であるが、米中新冷戦に逃げ込む場所はない。中国は、米国と対峙せざるを得ないのだ。米国の圧力によって、中国経済はダメージを受け、富裕層という権力者たちの生活も脅かされる。危機に陥ったとき、中国共産党がどれだけ結束して耐えることができるのかは未知数である。すでに、中国の内政は不安定化しているように見える。

中国共産党中央の方針と一致しない経済政策

二〇一九年三月五日から一五日まで開催された全人代は、開幕直後から、中国国内の政治不安を露呈した。習主席を中心とする中国共産党中央の方針とは必ずしも一致しない経済政策が打ち出されたのだ。**同日に李首相が行った政府活動報告では、冒頭の二〇一八年を回顧する部分で、「中米経済貿易摩擦により、一部の企業の生産経営などが影響をこうむった」と述べた。**

自らの成果を強調する報告が通常なので、控えめではあっても、否定的な内容を述べるのは異例のことである。これまでの中国共産党指導部の方針が間違っていたことになりかねないからだ。

習主席が党内序列第二位の李首相を抑え込み、経済政策も対米政策も習主席一人が掌握してきたことを考えれば、この一文は、これまでの経済政策および対米政策に誤りがあったと習主席を批判するものであるとも受け取れる。実際、李首相は習主席に抑え込まれていた。李首相と国務院の官僚たちは、規制緩和を進める経済政策を実行していた。

しかし、早くも二〇一六年五月九日付の中国共産党機関紙『人民日報』が匿名の「意見」を掲載し、異例の政策批判を展開したのだ。この「意見」を書かせたのは、習主席の経済ブレーンである劉鶴党財経指導小組事務局長・副首相だと噂された。

この状況に変化が生じたのは二〇一八年七月である。李首相が七月二三日に会議を開き、財政政策を「もっと積極的に」と号令をかけた他、インフラ整備に潤沢な資金を供給するよう金融機関に促すことを決めたのだ。習主席が力を入れる債務の抑制に反するかのような内容である。

これは、抑え込まれていた李首相が、習主席を批判し、自らの経済政策を表明するまでに中国国内での権威を回復している可能性を示唆するものなのだ。米国との貿易摩擦激化で、習主席が率いる政権が動揺していると伝えられ、政敵とされた李首相の動きが活発になっている。李首相主導で大規模な景気対策が進められれば、習主席が優先課題と位置付ける債務の抑制が後回しになる可能性がある。

極めて大きな景気刺激策

二〇一九年の政府活動報告は、この可能性を現実のものにしている。この政府活動報告は、二〇一九年の経済目標を「財政赤字のGDPに対する比率は二・八%とし、二〇一八年の予算より〇・二ポイント引き上げる」として、二〇一九年の財政支出を六・五%増の二三兆元強とした。同時に、大規模な企業向けの減税、電気料金の平均一〇%下げ、中小企業向けの通信料の引き下げを掲げ、併せて、社会保険料負担の大幅軽減を打ち出し、年間で企業の税負担と社会保険料の負担を二兆元弱(約三三兆円)軽減させるとしたのだ。

さらに、鉄道投資八〇〇〇億元(約一三兆円)、道路・水運投資一兆八〇〇〇億元(約三〇兆円)を達成し、交通や災害対策などのインフラ投資にさらに力を入れるとし、次世代情報インフラの整備を強化し、昨年より四〇〇億元増やして五七七六億元(約九兆五〇〇〇億円)を投資するとした。極めて大きな景気刺激策であるといえる。

実は、中国のなかでも、**習主席を中心とする中国共産党中央と李首相が代表する国務院(政府)の経済政策はほとんど正反対である。**習政権は財政再建を目指してきたが、国務院はインフラ投資などの景気刺激策の拡大を主張している。政府を代表して李首相が行った政府活動報告は、中国共産党中央の、すなわち習主席の経済政策を否定するかのように見受けられた。

対米政策の失敗を理由に習近平主席を批判

習主席の権威低下と李首相の復権の背景には、米国の中国に対する強い姿勢がある。二〇一八年前半まで、紆余曲折を経ながらも、習主席は全ての権力を掌中に収めることに成功しつつあるかのように見えた。しかし、米国企業との取引を禁止されたＺＴＥが倒産の危機に陥り、米中双方が追加関税をかけあって貿易戦争が激化すると、中国経済はダメージを受けはじめる。この頃から、習政権に対する批判が出はじめる。

最初は、習主席の側近たちに対して、対米政策や経済政策の失敗を理由に非難がはじまり、二〇一八年末には習主席本人にも批判が出ているといわれた。

習主席の権威が落ちることによって、経済政策に関する権限も取り上げたはずの李首相および政府側に行動の余地が生まれたのだと考えられる。習主席も経済刺激策を認めざるを得なかっただろう。何しろ中国は、何が何でも自らの経済を発展させなければならないのだ。米国の圧力によって企業の業績に悪影響が出るのであれば、政府が中国経済を支えるしかない。

人民解放軍に対する締め付けは継続

米国の圧力は習主席の権威を揺さぶり、二〇一八年後半には、習主席の権威低下の兆候が見えたが、人民解放軍に対する締め付けは継続されている。八月一九日、習主席は中央軍事委員会の会議において、人民解放軍に対する不正取り締まり強化の必要性を強調した。実際に、一〇月一六日、新華社は、中央軍事委員会委員であった房峰輝前統合参謀部参謀長と張陽前政治工作部主任が、贈収賄容疑および不正な手段で巨額蓄財を行った容疑で、党籍剝奪の処分を受けたと報じた。張陽前政治工作部主任は、すでに二〇一七年一一月に自殺している。

人民解放軍に対する「反腐敗」の強化は、習主席の人民解放軍掌握の努力であるともいえる。また、二〇一七年一二月、中国共産党中央は『中共中央の中国人民武装警察部隊領導指揮体制の調整に関する決定』を発布し、二〇一八年一月一日零時をもって、人民武装警察部隊（武警）が党中央および中央軍事委員会の統一指揮を受けることとされた。この改革により、中央軍事委員会から武警への指揮系統が一本化されたことになる。

新華社は、三月二一日、中国海警局が武警に編入されると報じた。武警が中央軍事委員会の下に編成替えされたことも、海警局が武警隷下の組織となったことも、習主席の武装力量掌握の努力の一環である。

米中新冷戦を終わらせる要因①——国内政治状況の不安定化

一方の米国も一枚岩ではない。**トランプ大統領と民主党の政策調整は必ずしも順調ではない。共和党のなかでさえ、政策に対する支持も不支持もある。**民主主義国家では、政治指導者は選挙で選ばれる。政治家にとって選挙に勝つことは重要な目標であるから、政党間および政治家間では競争や対立が起こる。権威主義国家との競争においては、言論の自由とともに、民主主義の脆弱性といえるかもしれない。

米中双方とも、政治戦の影響が国内政治の状況に変化をもたらし、反対に、国内政治の状況も米中新冷戦の行方に影響を及ぼしている。

米国も中国も、国内政治状況が不安定化すれば、対外的な事象にかまっている余裕はなくなる。相手に対する牽制や圧力は必然的に弱くなるのだ。もし、米国の対中圧力が弱まれば、中国は妨害されることなく経済発展を継続し、その経済力を基に軍備増強を加速するだろう。その結果、経済的覇権は中国に握られ、軍事的にも中国優位の状況が出現し、中国が新たな世界秩序の構築を主導することになるだろう。しかし、中国が米国に対して圧倒的な優位を獲得するのは、やはり二〇五〇年に近くなってからだと考えられる。

中国国内の政治状況が不安定化し、一貫した経済政策が採れなくなれば、中所得国の罠に陥るなど、中国の経済発展に黄色信号が点灯する。経済基盤がなければ、中国は米国に対抗することはできない。もし、中国国内の政治不安が起こるとしたら、それは二〇二二年近くになるだろう。

二〇二二年は、二〇大（中国共産党第二〇回全国代表大会）が開催される年である。中国共産党は、二〇二〇年までに、偉大な指導者・鄧小平の指示である小康状態を完全に達成しなければならない。もちろん、習政権は何が何でも達成したと主張しようとするだろう。

しかし、経済政策の失敗および米国の圧力などによって、中国国内の経済状況が悪化していたら、政敵たちは習主席の経済政策および対米政策を批判し、習主席の権威が低下する可能性があるが、習主席が失脚したり、政権が倒れたりすることはないだろう。党や国のトップが任期途中で失脚するのは、政治システムを揺るがすことにつながるからだ。共産党の権利を守ることについて、中国の指導者たちの利害は一致している。それでも、習主席が一貫した経済政策を採れなくなれば、中国経済はより悪化し、米国に対抗するどころではなくなる可能性もある。**こうした状況で米中新冷戦が終了するとすれば、それが二〇二二年近くになるということなのだ。**

米中新冷戦を終わらせる要因②――台湾有事

もう一つ、米中新冷戦構造を突然終わらせる可能性があるのが米中軍事衝突である。現在の状況では、他のシナリオに比べて、台湾をめぐって米中が軍事衝突する可能性が高いと見積もられる。

中国国防白書二〇一九でも、新時代の中国の国防政策として第一に挙げられているのが、「侵略を抑止し抵抗し、国家の政治的安全、人民の安全および社会の安定を保護し、『台独(台湾独立)』に反対し抑制し、チベット独立および東トルキスタンなどの分裂勢力を打撃し、国家の主権、統一、領土の完全性と安全を防衛する」ことである。単に「国家を防衛する」とせず、その前に「侵略を抑止し抵抗する」と加えているのは、米国の武力行使に対する警戒心の表れであろう。

ここでも、新しい表現ではないものの、台湾の独立は軍が必ず阻止するという強い決意が表明されている。中国は、国家主権と領土の完全性を維持し保護する硬い決意と強大な能力を有しているとし、いかなる人、いかなる組織、いかなる政党であろうと、いかなる時期、いかなる形式ででも、いかなる中国の領土の一部であっても中国から分裂させることを決して許容しないとする。その上で、「もしある者が台湾を中国から分裂させようとすれば、中国の軍隊は、一切の代価を惜しまず、敵に敗北を味わわせ、国家の統一を敢然と防衛する」というのだ。

一般的に、国家は、領土、主権、国民の三つの要素から成り立つとされ、国家を防衛するとは、具体的にこの三要素を防衛することである。しかし、**中国が他国と異なるのは、台湾の統一を果たしてはじめて中国の領土統一が完成すると認識していることだ。**

習主席が、「外部勢力の干渉や台独（台湾独立）分子」に対して武力行使をも辞さないという強い姿勢を示したのは、二〇一九年一月二日に開かれた、「台湾同胞に告げる書」四〇周年記念式典でのことである。「台湾同胞に告げる書」は、鄧小平が最高指導者であった一九七九年、台湾政策を武力解放から平和統一へ転換することを表明したものであり、その記念式典で中国が武力行使をも辞さないとしたのは皮肉でもある。

台湾問題は、米中軍事衝突をもって、米中新冷戦を突然終わらせる可能性を秘めた問題である。中国共産党にとって決して譲歩できない問題だからである。国共内戦の末、国民党が台湾に逃げたままになっているという認識なのだ。中国共産党にとっては、台湾を統一しない限り、中国の統一は完成しない。米国は、台湾に対して多額の武器供与を決定するなど、中国に対して「米国が台湾防衛に協力する」という政治的メッセージを送っている。中国に対する外交的・軍事的圧力である。

中国とのディールを求めるトランプ大統領は、本気で中国と戦争をするつもりはないだろう。しかし、台湾に対する軍事的支持の姿勢を強く示せば、中国は危機感を高め、台湾に対する武力行使の可能性が高まる。中国が台湾の武力統一に踏み切れば、中国と戦争をしたくないと考える米国も、中国との戦争を考慮せざるを得なくなるだろう。

米中が実際に軍事衝突すれば、その時点で冷戦構造は消滅することになる。また、中国が武力を用いて統一を試みなくとも、米中間あるいは中台間の緊張が高まれば、台湾周辺で不測の事態が生じる可能性がある。不測の事態がどのようにエスカレートするのか、誰にも予測できない。

一方で、**台湾問題は、日米の離反を招く可能性も秘めている**。実際に、米国と中国が衝突しなくとも、両国間の緊張が高まるだけで、日米間の認識の相違、思考過程の相違、政策決定の相違が浮き彫りにされる可能性があるのだ。

日本では、台湾問題にどのように対処するかについてのコンセンサスが得られていない。

また、軍事や安全保障にアレルギーのある日本では、まず、法的および政治的制約事項から考慮して、自衛隊の使用を制限してしまう可能性もある。日本と米国では台湾問題に関する政策決定の速度に圧倒的な差が生じ、そのことに米国は不満を抱くだろう。

さらに、日本が決定する行動は、米国にとって満足のいくものにはならない可能性も高い。可能性は非常に低いが、中国の思惑どおりに、アジア太平洋地域において最も望む状況である日米離反が生じることも考えられるのだ。

第7章

米中新冷戦のなかで日本が進むべき道

1　日本は無関係ではいられない

日本に突き付けられる踏み絵

日本は、米国や中国などが展開する大国間のゲームに主要なプレイヤーとして参加できないものの、日米同盟を外交・安全保障の基盤としつつ、中国とも経済協力を進めるという、難しいゲームを展開しようとしている。

日本は、中国のパブリック・ディプロマシーの失敗を教訓として、ソフトとハード双方の取り得る全ての手法を用い、米国との同盟関係を良好に保ち、国際社会において有利な地位を確保しなければならないのだ。

日本も米中間の政治戦に無関係ではいられない。米中が使用する手段には、貿易や軍事力も含まれており、日本の経済や安全保障にも大きな影響を及ぼすからだ。日本は、政治戦に関与するために、米国の戦略文書などに戦略的競争という表現が多く使用されるようになったことに留意する必要があるだろう。そして、米中両国が、自らが優勢を保てると考える領域に競争の範囲を拡大する状況と日本への影響を理解しなければならない。

まず、**中国のシャープパワーは、先に述べたように日本にも及んでいる。**日本ではあまり関心が持たれていないに過ぎない。そして、経済領域への攻防の拡大は、日本の経済界にも大きな影響を及ぼす可能性がある。米国が、ファーウェイ、ＺＴＥおよび監視カメラ製造企業などを米国市場から締め出し、これら中国企業の部品などを用いる企業も同様に締め出すのであれば、日本企業の多くも対象になるだろう。米国は、米国を取るか中国を取るか、日本政府や企業にも踏み絵を踏ませようとしている。

台湾問題は米中政治戦の一部に過ぎない

さらに米中政治戦の安全保障領域への拡大は、日本の安全保障にも直接の影響を及ぼす。特に、台湾はホットスポットである。米国の台湾に対する積極的な軍事協力の姿勢は、中国の危機感を高めている。たとえば中国の揚陸艦建造速度などを見ると、中国が直ちに台湾を武力統一しようとするとは考えにくいが、米国の軍事的圧力に対抗して、台湾に対する軍事的圧力を強めることは間違いない。

狭い地域に複数の国の軍事力が展開することは、不測の事態が生起する可能性を生じ、危険である。ましてや、対立する国同士の軍事力が同じ地域に存在すれば、緊張はなお高まる。台湾をめぐる軍事的緊張は、日本に困難な問題を突きつける。日本は、中国と国交を結び、台湾との国交はない。台湾を国家とは認めていないのだ。中国と台湾が軍事衝突した場合、国際法上は、国対国の戦争とは認めないということでもある。日本が、中国の台湾武力統一を内戦と認めてしまえば、これに介入することは難しいだろう。

しかし、**台湾周辺で軍事衝突が起これば、日本へエネルギー資源を運ぶ海上輸送路は変更を余儀なくされ、エネルギー資源のコスト増加は経済に悪影響を及ぼす。経済的な影響だけではない。台湾と与那国島は、約一一〇キロしか離れていない。台湾周辺での軍事衝突は、日本の領土を巻き込みかねない、日本の安全に直接かかわる問題である。**

台湾と国交がないのは、米国も同様である。しかし、米国には、一九七九年に制定された「台湾関係法」がある。一九七九年の米中国交正常化に伴う米台断交後も、台湾との同盟関係を維持するために米議会が制定したものである。米国は、台湾を国家と同様に扱い、防衛兵器を供与できるとしている。

日米間には、台湾の国際社会における位置付けなどについての差異、情勢認識に関する差異、中国と台湾の関係についての認識の差異が存在する。これらは、日中国交正常化（一九七二年）から政治的に停止したままの日台関係と、国交正常化以降も台湾関係法や国防授権法などで継続して関係改善を図ってきた米台関係との間に、政治的関係の深さの違いが影響している可能性もある。日本は、台湾問題についても、自らの安全保障問題と捉え、国内コンセンサスを取る努力をはじめなければならない。

しかし、台湾問題もまた米中政治戦の一部に過ぎない。日本は、台湾問題についても議論しなければならないが、台湾問題を単独で考えても、米中両国の台湾問題への対応を理解できないかもしれない。また、問題への対応を誤る可能性もある。

米中は、自らに有利な戦いを挑もうと、攻防の領域を拡大し、攻防の枠組みを拡大している。経済、軍事・安全保障、さらには人権などにまで攻防の領域は広がっている。その上、米中二国間だけの問題ではなく、他国を巻き込んで外交戦が繰り広げられているのだ。

日本は、こうした政治戦が米中間で繰り広げられていることを理解しなければいけないだろう。まず日本は、自国にとっての目的を定めなければならない。複雑な政治戦のなかで、個々の問題にとらわれてバラバラに対応すれば、全体が見えなくなる。米中の意図を理解し、それぞれの領域での攻防の関連を見た上で、彼我の強点弱点を分析し、日本の強点を活かさなければならない。日本がやらなければならないことは多いのだ。

2 戦略的競争への参加

米国の単独主義に懸念を高める欧州諸国

日本は、中国のシャープパワーに対する理解を深めなければならないだけでなく、経済、軍事・安全保障などの複数の領域における二国間・多国間の枠組みを利用した米中の政治戦を総合的に分析・評価する必要がある。その上で、日本は自国の国益を最大化するために、政治戦に参加しなければならない。

ここまで、中国のシャープパワーが、いかに米国から排除されてきたかを述べてきた。しかし、**中国がパブリック・ディプロマシーまたはシャープパワーの行使を諦めたわけではない。シャープパワーの行使の対象を拡大させたに過ぎない。**

中国は、これまで主に米国社会を対象にして世論工作を試みてきた。その目的は、米国世論が対中強硬に傾かないようにするためである。中国の目的が見透かされ、オバマ政権が中国に寛容な態度を示している間に中国が経済力、技術力、軍事力を向上させてきたことに警戒感が高まり、その手法がシャープパワーと呼ばれて米国から排除されてきたのである。

しかし、中国が自国に対する米国の軍事力行使を避けなければならない状況に変わりはない。米国に対する世論工作の効果が期待できないとわかると、中国は、他の地域をターゲットにしてパブリック・ディプロマシーを実施、言い換えれば、シャープパワーを行使しはじめた。**その主要なターゲットは、すでに述べたアジア各国やアフリカ諸国だけでなく、欧州諸国もである。**

欧州諸国は、米国の単独主義に対する懸念を高めている。二〇一八年六月九日に閉幕したG7サミット（先進七カ国首脳会議）では、米国の保護主義的な貿易政策をめぐり首脳宣言の取りまとめが難航したという。首脳宣言は最終的に採択されたが、トランプ大統領は、その後、宣言を承認しないように指示したとツイッターで表明した。

米国が欧州諸国に求めるのは貿易不均衡の是正だけではない。米国は欧州の同盟国に対して、防衛の負担を増加させるよう要求している。トランプ大統領は二〇一八年七月一一日、NATO（北大西洋条約機構）加盟国に対し、防衛費支出を目標の倍に当たるGDP（国内総生産）比四％に引き上げるよう求めたのだ。トランプ大統領はまた、国防予算に関してドイツを名指しで攻撃した。

ＮＡＴＯ諸国は国防費増額に努め、二〇一九年四月にはトランプ大統領が、ＮＡＴＯに関し、米国を除く加盟国の国防費負担が二〇二〇年までに計一〇〇〇億ドル（約一一兆一〇〇〇億円）増額される見通しになったとして歓迎する立場を示すに至った。しかし、ＮＡＴＯ諸国には、米国に対する不信感が残る結果となった。そうした不信感が、欧州諸国をして、戦略的自立を主張させているのだ。

中国は、こうした米国と欧州諸国の微妙な関係の変化を理解し、そのギャップを衝く。中国は、国家間関係の変化に敏感であり、その外交戦は巧妙である。また中国は、外交戦に経済的影響力も行使する。中国は、開発途上国や経済危機に陥った国に、経済援助や多額の投資を行っている。それらの国は、中国の経済的影響力を考慮せざるを得ない。中国は、こうした国々の弱みも利用するのだ。こうした国々には、欧州の一部国家も含まれる。

たとえば、二〇一九年四月一二日、中国は、ＥＵ（欧州連合）加盟国を含む東欧やバルカン諸国、バルト三国の計一六カ国と、クロアチアのドブロブニクで「一六＋一」の首脳会議を開催、経済協力強化などを協議した。ギリシャも会議に参加、ＥＵ内でも比較的開発が遅れた地域での中国の影響力拡大を改めて印象付けた。

中国国防白書二〇一九が、ロシアとの軍事協力に次いで、特に欧州との協力に言及するのは、米国と欧州の関係悪化を軍事的にも利用する意図を示すものだ。日本も、国家間関係の微妙な変化をいち早く捉え、これを利用して自らに有利な状況をつくり出すための外交を展開しなければならない。さらに、他国の政策に影響を及ぼす世論にも働きかけ、日本との関係や他の国家間関係を有利な状況に導く努力も必要である。

国際社会に拡大する米中の攻防戦

中国は、オバマ政権期に、新型大国関係を掲げて米国の圧力をかわし、米国内世論が中国非難に傾かないよう種々の手段を用いて世論工作を行ってきた。しかし、中国が「中国製造二〇二五」などを掲げて「世界強国」を目指す動きを見せると、米国内で中国の台頭に対する警戒感が高まった。中国が用いているのはソフトパワーではなくシャープパワーであるとしてこれを排除すると同時に、米国は、中国を抑え込むために経済的圧力をかけはじめ、そこに安全保障の問題を絡めてきたのである。米国は、中国のシャープパワー行使に対して、攻防の領域を経済および安全保障などの領域に拡大し、政治戦をしかけている。

米国が、市場原理によってではなく、政治的な理由を基に法的手段を用いて中国製品を米国市場から締め出し、その結果、市場が二分化されることになれば、それは冷戦構造の特徴の一つを呈することになる。

また、米国が中国製電子デバイスおよび監視カメラなどを米国および同盟国の市場から締め出す理由が、情報漏洩などの安全保障上の問題であり、中国共産党による一党統治という権威主義的な中国の政治体制に由来するものであることから、政治体制間の競争の様相も呈している。

政治体制間の競争になれば、米中関係は、まさに冷戦構造の特徴を有するものだといえる。冷戦とは、双方が直接の軍事衝突を避けたいと考えるからこそ生じる構造である。しかし、米ソ冷戦とは異なり、米中新冷戦は、影響力を持つアクターの増加やサプライチェーンのグローバル化・複雑化によって、より複雑なゲームとなっている。

貿易交渉で劣勢に立たされ、軍事的にも米国に及ばないと考える中国は、米国との直接の軍事衝突を避けつつ、政治戦で対抗しようとしているが、その枠を外交戦ともいえる活動に拡大している。攻防の枠組みを米中二国間から国際社会に拡大し、非対称の政治戦をしかけているのだともいえる。中国は、ロシアとの軍事協力を強化するだけでなく、米国と距離を置こうとする欧州への働きかけを強め、アフリカ、南米、カリブ、南太平洋といった地域の開発途上国を取り込み、中国に対する支持を取り付けようとしているのだ。

中国のシャープパワーが米中間の主たる課題ではなくなった後、米中の攻防の領域は経済および安全保障の領域に拡大し、枠組みは国際社会に拡大した。米中それぞれが、政治戦の攻防の領域または枠組みを拡大するのは、自らにとって有利な領域あるいは枠組みで戦おうとするからだ。彼我の強点および弱点を分析し、我の強点を敵の弱点にぶつけようとする、これこそがコンペティティブ・ストラテジーに基づく政治戦である。

日本は台湾問題にどう向き合うのか

政治戦では、全ての手段が攻撃的に用いられ、そのなかには軍事力も含まれている。**政治戦を戦う上での日本の最大の弱点は、軍事力に対するアレルギーが社会のなかに存在することだろう。**しかし、日本は軍事力に対するアレルギーを克服しなければならない。軍事的手段を最初から排除することは政治戦を戦う上で非常に不利に働くからだ。日本は、自らが軍事的手段を使用するかどうかは別としても、軍事的手段を含む全ての手段を理解しなければ、状況を正確に理解することも、適切な対処法を導くことも難しいだろう。

特に台湾は、米中新冷戦の最前線ともなり、また、台湾の防衛に関する問題は、日本が対応するのが最も難しい問題でもある。台湾海峡における軍事的緊張は、米国、中国、台湾の相互作用によってエスカレートしている。そして日本は、この軍事的緊張に無関係ではいられない。中国が台湾の武力統一を試みる際には、米軍の接近を阻むために、台湾周辺海域および空域を封鎖するだろう。そうすると、与那国島などは中国が封鎖する海域に実質的に含まれてしまう。日本にとっては最悪の事態だ。

しかし、最悪の事態に陥ったときに、はじめて日本は法的・政治的制約から解放される。日本の領土が巻き込まれれば、日本政府はこれを存立危機事態あるいは武力攻撃事態と認定する可能性も生まれるからだ。さらに、武力攻撃事態の認定は、米国の対中軍事行動に「日米安保条約第5条に基づく日本防衛」という大義名分を与える。また、防衛出動が下令されれば、自衛隊は自衛権に基づく武器の使用が可能になる。

問題は、日本に対する武力行使と認定できないような事態である。日本では、台湾有事への対応について国内コンセンサスが取れていない。それどころか、コンセンサスを取るための議論さえ行われていない。敏感な問題には触れたくないということだろう。しかし、ことが起こってからでは遅い。政策決定に遅れを生じさせないために、日本が台湾問題にどう向き合うのか、議論をはじめる時期に来ている。

実は、軍事力の行使が難しい日本であっても、米国の同盟国として地域および国際社会の平和と安定に大きな貢献ができる。なぜなら、米国の軍事行動が地球規模で展開されるからだ。米国の防衛は、米国本土においてのみ行われるわけではない。米国の平和と繁栄を脅かす者は、世界中どこにいても軍事攻撃のターゲットになり得る。「テロとの戦い」から「大国間の競争」へと情勢認識を変化させた米国は、中国とロシアを修正主義国家と呼ぶようになった。米中ロは、軍事的にも牽制し合っている。

その中国は、断固として国家主権と領土の完全性を維持し保護すると宣言する。この文脈で中国は、南シナ海の（中国が主張する）諸島および尖閣諸島を中国固有の領土であると主張するのだ。中国が南シナ海で人工島の軍事拠点化を進めることについては必要な防御能力の構築であるとし、東シナ海の尖閣諸島周辺海域でパトロールを行うことは法に則った国家主権の行使であるとする。しかし、中国が南シナ海全体をコントロールしたいと考える本当の理由は、米海軍を同海域から排除することにある。そして、南シナ海問題は、台湾問題および東シナ海問題にもかかわってくる。

このような中国に対して、一方の米国は、イランをはじめとする中東での問題に関与し、欧州ではロシアとも対峙する。中国を主たるターゲットとしながらも、他の地域にも権益を有しているのだ。こうした状況下で米軍の行動の自由度を上げるものこそ、日本の米国に対する最大の貢献であるといえる。日本が、米軍に対する有効なホスト・ネーション・サポートを行うだけでなく、自国の防衛に責任を持ち、北東アジア地域の平和と安定を維持することができれば、米国は北東アジア地域に過度に関与する必要はなく、南シナ海、インド洋、アラビア海、地中海へと資源を投入できるのだ。

国益のために政治戦は避けられない

加えて、日本が独自に収集する自国周辺の情報を米国と共有し、平時から自衛隊が米軍と作戦行動について意思疎通しておくことによって、米国は不意打ちを食らうことなく、北東アジア地域の情勢変化に対応することもできる。**現代戦は、ハイブリッド戦とも呼ばれ、宇宙とサイバー空間からはじまる。**昔のように宣戦布告して開戦するわけではないのだ。そうなれば、宇宙やサイバー空間でも平時からの協力は不可欠である。

中国の軍事的活動は、こうした新しい領域にも及ぶ。中国国防白書では、「国家の海洋権益を維持し保護し、国家の宇宙、電磁波、サイバー空間などにおける安全を維持し保護し、国家の海外における利益を維持し保護し、国家の持続可能な発展を支える」と述べ、新しい領域における軍事的活動の展開を宣言する。

これは、二〇一八年一二月に日本の新防衛大綱が打ち出した「多次元統合防衛力」にも通じるものだ。新大綱のなかで、多次元統合防衛力は、統合運用による機動的持続的な活動を行うとした前大綱で示された統合機動防衛力の方向性を深化させつつ、宇宙、サイバー空間、電磁波を含む全ての領域における能力を有機的に融合し、平時から有事までのあらゆる段階における柔軟かつ戦略的な活動の常時継続的な実施を可能とするものと定義されている。

日本の多次元統合防衛力も中国の政策も、すでに米軍が完成させようとしているマルチドメインバトル構想（多次元戦闘構想）という作戦構想に追随するものである。中国が米国の作戦構想に追随する限り、中国人民解放軍が目指す姿は米軍そのものになり、類似の装備体系を構築することになる。これでは、中国人民解放軍が米軍に対して圧倒的優位を獲得することは難しい。それでも中国は、新たな作戦領域において、量的にも質的にも米国を上回るため、経済力を背景に軍備増強を加速させるだろう。

米国と中国はともに、現段階では戦争を行う意図はないが、両国が戦う政治戦には直接の軍事衝突にいたらない多くの軍事的手段が含まれている。**日本は、自らの軍事力に対するアレルギーを克服しなければ、米中政治戦の現実を理解することすら難しいだろう。**

日本は、米中政治戦を理解するだけでなく、自らの国益のために、米中新冷戦の構造のなかで自らの政治戦を戦わなければならない。そのために、彼の強点弱点、我の強点弱点を分析し、どの領域で戦うのかを決めなければならない。

3 コンセンサスを得る努力

非核三原則の再考を迫られる可能性

日本はまず、米中が攻防を繰り広げる種々の事象をどのように認識し、その事象において何を目的（国益）とするのかについてコンセンサスを得るための議論をしておく必要がある。たとえば台湾問題では、台湾を日本の外交・安全保障上どのように位置付けるのかについてのコンセンサスである。台湾の位置付けが決まれば、日本が台湾防衛に参加するかどうかは自ずと決まる。そして、その行動を採るための課題をいかに克服するかを考えるのだ。

現在の日本は、思考過程が逆になる傾向がある。日本はまず、課題を制約要因として捉え、その課題を克服するのではなく、その課題に抵触しない範囲で行動を決定しようとする。台湾問題でいえば、まず、日本は台湾を国として認めていないので、中国が台湾を武力統一しようとする試みを国際法上どのように位置付けるかの議論をしてしまうと、本来、台湾を防衛すべきかどうかという根本的な問題を見失いがちになる。

コンセンサスを取る努力が必要なのは核兵器に関しても同様である。日本には核兵器に対する拒絶反応があるが、核兵器自体を拒絶しても、議論を拒絶してしまってはならない。それでは、核抑止の問題に向き合うこともできないからだ。まず日本は、核抑止のルールが変わろうとしていることを認識しなければならないだろう。

核抑止のルールが変わろうとしていることは、日本の安全保障政策にも大きな影響を及ぼす。特に、「核を持たず、つくらず、持ち込ませず」という非核三原則の再考を迫られる可能性がある。先に述べたように、米国は、中国やロシアの中距離核戦力に対抗する姿勢を示しはじめた。米国も、中国と戦争がしたいわけではない。米国は、中国も取り込み、新しい状況やルールに対応した、新しいINF全廃の枠組みを構築しようとしているのだと考えられる。

しかし、現状では、新しいINF全廃条約に参加しても中国が得られるものは少ない。それどころか、一方的に、中国の戦力増強を抑え込まれると認識するだろう。先にも述べたとおり、中国を新しい枠組みに取り込むためには、中国自身がその枠組みに入らなければならないと認識する必要がある。「米国に対する非対称戦をしかける兵器」と認識する対艦弾道ミサイルなどの保有を制限されることに、中国にとっての利益はない。中国を枠組みに参加させるためには、皮肉なことに、米国が一度は中国に対抗する中距離核戦力を構築し、中国も米国の中距離核戦力を撤去してもらいたいと考えさせる必要があるのだ。

また、戦域核兵器および戦術核兵器についても、同様に、米国は中国やロシアに対して有効な対抗手段を構築する必要がある。日本には、ロシアの戦術核兵器の使用に対して、米国は戦略核兵器を用いることができるので、核抑止は成り立つという議論もある。しかし、少なくとも、米国や中国、ロシアがそのように考えていないことは、これまで述べてきた状況や米国の戦略文書などからも明らかだ。

日本では、核抑止についての議論が避けられているようにも見える。日本で皆が核抑止の議論を、特に日本の非核三原則についての議論を避けるのは、日本社会に核兵器についてのアレルギーがあるからだろう。

しかし、新しい核抑止の枠組み構築を目指すに当たって、米国は日本に対して、新たな役割を果たすよう求める可能性がある。そして何より、**世界の核兵器の廃絶を求めるのであれば、日本は自ら新しい核抑止の枠組み構築に積極的に取り組まなければならない**。核兵器の廃絶を訴えるだけでは、他国の核の脅威を感じる各国に、本気で核兵器を放棄させることはできない。中国が、米国の核攻撃を含む武力行使をどれだけ恐れ、どのように対抗しようとしているかは、先に述べてきたとおりである。

中距離核戦力全廃の枠組みの構築

全ての核兵器の廃絶まで至らなくとも、中距離核戦力の廃絶の枠組みであるＩＮＦ全廃条約などの枠組みにおいてさえ、いまの中国を取り込むのは難しい。

中国を中距離核戦力廃絶の枠組みに取り込みたければ、米国が中国の中距離核戦力に対抗できる中距離核戦力を構築し、中国を中距離核戦力の軍拡競争に巻き込むことである。米中間で中距離核戦力の相互抑止が成立し、あるいは米国の中距離核戦力が中国のそれに対して優位を確立し、中国が米国に対して中距離核戦力を使用することができないと認識したとき、中国には中距離核戦力廃絶のインセンティブが生まれるのだ。

日本は、こうした現実を理解し、ＩＮＦ全廃条約のような部分的な核兵器廃絶の枠組み構築から議論をはじめなければならないだろう。核兵器廃絶のプロセスを考える際にも、現実的な議論が必要であり、そのためには、日本にも核兵器に対するアレルギーを克服する努力が必要になる。

米中新冷戦の構造は、米ソ冷戦よりはるかに複雑であり、全てのアクターが納得できるルールをつくるのも難しくなる。さらに、戦略核、戦域核、戦術核という核兵器のレベルが多元化し、運搬手段であるミサイルもさまざまな射程のものが使用される状況が復活するなかで、これら多種多様な核戦力を包括した枠組みが必要とされ、困難の度合いはさらに増すのだ。日本は、本気で議論に取り組む努力をしなければ、自らの考えを枠組み構築の議論に加えることができず、結果として、米国のいいなりにならざるを得なくなるかもしれない。

議論できなければ迅速な対処はできない

米国の圧力がかかるのは、核抑止のルールづくりについてだけではない。すでに経済の領域では、米国の圧力が、日本や他の同盟国にかかりはじめている。米国が、中国製の電子デバイスや監視カメラなどを米国の市場から排除しようとする動きは先に述べてきたとおりである。米国の国防授権法二〇一九は、通信機器大手のファーウェイとZTE、監視カメラ大手など、中国五社から政府機関が製品を調達するのを、二〇一九年八月から禁じたが、これに加え、二〇二〇年八月からは、五社の製品を使う企業との取引も打ち切るとしたのだ。

米国が取引を禁じた中国五社と取引のある日本企業からも、米国政府機関は製品を調達しなくなるということである。多くの日本企業は中国企業と取引があり、米国から踏み絵を踏まされる状況に陥るだろう。米国と取引したければ、中国企業と縁を切れということである。

日本企業は、製造拠点を中国から東南アジアなどに移すことはできるかもしれない。一方で、中国企業との取引を完全に断ち切るというのは簡単ではないだろう。現在の製品に使用される部品を製造する国は多岐にわたり、サプライチェーンは複雑になっている。

しかし、米国の中国製品排除の動きによって、サプライチェーンの再構築の動きが起こる可能性はある。すでに、多くの企業で、製品の調達や供給に関する取引の見直しがはじまっている。その一方で、米国企業のなかにも、トランプ政権の中国企業との取引禁止に抵抗する動きもある。

日本も、各企業の判断に任せるだけでなく、政府が、米中新冷戦構造のなかでどのような立ち位置を取るのか、明確に示す必要が出てくるだろう。

日本には、米国との同盟を破棄するオプションはない。日本の安全保障は、多くを米国に頼っているからだ。また、日本が単独で自国の安全を保障するとなれば、より多くの防衛費が必要になる。だからといって、日本の国益は米国のそれと同一ではない。日本にとって、中国との経済関係を断ち切ることが日本の国益にかなうのかどうかには、議論の余地もある。

米国が主導する、自由、人権、民主主義、市場経済といった価値を重んじる国際秩序に対する挑戦は、日本としても受け入れられないだろう。中国が現在の国際社会に不満を募らせ、部分的にではあっても、国際秩序を変更しようとする中国の動きには警戒しなければならない。中国を敵視することと、中国の修正主義的行動を抑えることを区別することが可能なのかどうか。できると考えるのであれば、どのような方法を用いて区別するのか。国際社会の現実に基づいた議論をはじめなければならないだろう。

まず、日本に必要なのは、国内における基本的なコンセンサスを得ることである。米国でも、必ずしも全ての情勢認識や事象への対応についてコンセンサスが取れているわけではない。それでも米国の安全保障政策決定の速度が高いのは、少なくとも、米国の国益や採るべき手段について議論の焦点が明らかになっているからだろう。

核兵器だけでなく、安全保障や軍事自体に対するアレルギーがある日本では、安全保障に関して議論することさえ難しかった。議論できなければ、議論が練られることはなく、コンセンサスが取れるどころか、議論の焦点が合うことさえない。議論は社会で広く繰り返し行われることで焦点が絞り込まれてくるのだ。安全保障に関する事象にも、災害救難などと同様に、迅速な対処が求められる。

4　反日パブリック・ディプロマシーから学ぶ教訓

歴史認識問題における中韓共闘

日本の決定や行動は、国際社会から支持されなければならない。国際社会の支持があってこそ、日本の行動は影響力を持つのである。そのために日本は、戦略的発信についての能力も向上させる必要がある。日本は、米国におけるパブリック・ディプロマシーにおいても、過去に逆効果となってしまうといった苦い経験をしており、そうした経験から改善策を学ばなければならない。

世界的に、米国はパブリック・ディプロマシーの主戦場といわれる。その米国では、中国や韓国の反日的なパブリック・ディプロマシーが活発に行われており、特に近年では、従軍慰安婦問題を含めた歴史認識をめぐる問題で、日本が国際社会において劣勢に立たされるような事態を招く状況がつくられていた。

これまで、韓国系米国人による全米での慰安婦像・碑の設置活動をはじめ、二〇〇七年の対日非難決議や、米国内の公立高校で使用されている世界史教科書問題などに関して、日本の立場が悪くなるような事態が頻発していたのである。

特に米国においては、歴史認識をめぐる問題における日韓の対立が顕著である。**米国における韓国側の活動は、主に現地の韓国系米国人が中心となって動いているが、一部では中国系米国人も協力しているともいわれる。歴史問題における中韓共闘である。**

中国は、中国系ロビー団体である抗日連合会が最も影響力を持っており、カリフォルニア州を拠点に反日的な宣伝活動を行っている。戦後七〇年にあたった二〇一五年九月には、サンフランシスコの観光名所の一つでもある中華街に、日中戦争での対日抗戦を顕彰する「海外抗日戦争記念館」をオープンさせている。

抗日連合会は、抗日戦争記念館のオープンが世界的にインパクトを与えるため、わざわざ戦後七〇年の終戦記念日にタイミングを合わせて同館をオープンさせたと考えられる。ここでいう終戦記念日は、日本でいう終戦記念日ではなく、米国や中国などが終戦記念日とする、日本の降伏調印式が行われた九月二日を指している。

この抗日連合会は、中国共産党や政府などと緊密な関係を持っているといわれている。結成当時のメンバーの幹部は、中国との結び付きの強い中国系米国人であるとされており、これは現在の幹部も同様であると考えられる。

韓国系団体による慰安婦像・碑の設置活動

また、韓国に関しても、特に米国の世論形成には、韓国外交部などによるパブリック・ディプロマシーとは別に、米国在住の韓国系米国人の果たす役割も大きく、特に日本との領土・主権や、歴史認識をめぐる問題では、米世論にかなりの影響を及ぼしてきた。たとえば、二〇一四年四月に米国バージニア州議会で、同州の学校で使用開始となる教科書に「日本海」という名称に加え、韓国が主張する「東海」という名称の併記を求める法案が可決された。こうした、教科書への「東海」の記載を求める法案は、ニューヨーク州やニュージャージー州でも飛び火するかのように提出されていった。

さらに、慰安婦像・碑の設置活動も韓国系団体によって活発に行われてきた。二〇一〇年、ニュージャージー州パリセイズパークに一基目が設置されたのを皮切りに、米国東部を中心に慰安婦碑の設置の動きが活発になり、二〇一三年頃には、カリフォルニア州グレンデールで初の慰安婦像が設置され、ついに西部にもこの活動が拡大した。それ以降も、ニューヨーク州、バージニア州、ミシガン州などで次々と慰安婦像・碑が設置されており、その勢いはとどまるところを知らない。二〇一五年一二月の日韓合意も、事実上無効化してしまっている。

二〇一七年九月には、カリフォルニア州サンフランシスコの中華街で、慰安婦像が市民団体によって設置され、一一月には、サンフランシスコ市によって市有化された。これに対し、姉妹都市である大阪市は、六〇年間続いた姉妹都市関係を解消した。

こうした慰安婦像・碑の設置をめぐっては、中国が裏で韓国を支える姿が浮かび上がってきている。抗日連合会が、ニュージャージー州やカリフォルニア州での設置を「自己活動の前進」と発表し、また、サンフランシスコの中華街での設置については、中国系米国人団体である「慰安婦正義連合」などが主導し、韓国系団体と協力したとされている。

こうした中韓の協働自体が、国際社会において日本を劣勢に立たせようとする中国および韓国の反日的パブリック・ディプロマシーの成果でもあり、手段でもあるといえよう。さらには、米国内の有力紙が社説などで安倍首相を「右翼でナショナリスト」などと呼称し、米国世論に日本批判が見られるようになったことも、歴史認識をめぐる問題において日本の米国での立場を悪化させたいと願う韓国の活動の成果であったとともに、さらなる追い風になったといえる。

たとえば『ニューヨーク・タイムズ』は、二〇一三年一月二日付の社説において、安倍首相を、「日本の侵略の歴史と謝罪を書き換えようとする、極めて深刻な間違いを犯そうとしている」とし、「一九九五年に植民地支配と侵略について謝罪した村山談話の見直しを検討している」などと、極めて厳しい表現で批判した。このように、中国や韓国の米国に対するパブリック・ディプロマシーは、米国社会に広がりを見せ、日本が劣勢に立たされる事態がつくり上げられていったのだった。

中韓の宣伝攻勢は日本の外交・安全保障も脅かす

こうした中国や韓国の対米パブリック・ディプロマシーの戦略目的は一体何だろうか。実は、協働する両国であっても、その目的は異なるようだ。中国の対米パブリック・ディプロマシーの主目的は「日米同盟の弱体化」であり、「そのための日米離反策として歴史問題を使い、米国側に日本不信を広める」ことにあるといわれている。

一方、韓国の対米パブリック・ディプロマシーについては、反日的パブリック・ディプロマシーを繰り広げていても、それは一部の活動団体によるものであり、パブリック・ディプロマシーの担い手とされる韓国外交部などとの正式な関係は見られない。しかも、本国での「進歩派」と「保守派」との対立構造がそのまま現地の韓国系団体にも投影されていて、決してまとまったものとはいえず、むしろその活動ぶりは「ゲリラ的」と揶揄されることもある。それゆえ、中国のように国家戦略として日米離反を意図しているわけではないと考えられる。

つまり、**日本は、米国での歴史認識をめぐる問題を考える際、異なった目的を持つ中国と韓国を念頭におく必要がある。**慰安婦像・碑活動でも韓国系団体のバックには中国系団体が存在することもあり、中国の外交目標として「日米離反」が画策されてきた。中国にとって、「日米離反」達成のためには、韓国との共通の敵である日本を標的とした活動をしかけるのが、一番手っ取り早かったと考えられる。また尖閣諸島問題でも、中国は「史実」に基づき、中国固有の領土であるとし、自国の主張を一歩も譲ろうとしない。

こうした動きは、日本にとって許容できるものではない。国際社会における日本のプレゼンスや評価に悪影響を与え、最悪の場合、中国や韓国の主張が事実上「正しい」と認識されかねないからだ。特に同盟国である米国において、日本のプレゼンスが後退したり、他国からの宣伝攻勢によって日本が劣勢に立たされたりすることで、同盟関係に影響を及ぼすような事態となることは、外交・安全保障の観点からも避けなくてはならない。

中国や韓国のこうした活動は、パブリック・ディプロマシーの一環であるといえ、日本の国際的な立場に悪影響となり得る中韓の働きかけを制すには、日本のパブリック・ディプロマシーをもってするしかないのである。

5　日本の「正しい姿」をいかに世界に伝えるか

日本の新パブリック・ディプロマシー戦略

日本では、二〇一五年度、パブリック・ディプロマシー強化のための予算編成がなされ、かつてないほどまでに「戦略的対外発信」を重視する政策に乗り出したことが示された。その目的は、「在外公館（長）を中心に、『ジャパン・ハウス』をフルに活用しつつ、従来の取り組みに加えオールジャパンで施策を強力に推進」することとされた。

そのなかで、領土保全や歴史認識、積極的平和主義などの重要課題についての日本の「正しい姿」の対外発信を抜本的に強化し、国際社会の正しい理解を獲得すること、伝統芸能やクールジャパンといった日本の多様なソフトパワーを発信すること、そして親日派・知日派を育成し外交環境の改善を推進し、その際在外公館の人脈や知見も活かした発信を強化していくことなどが主要方針として明記された。

今のところ、新パブリック・ディプロマシー戦略の滑り出しは順調とも見られる。日本に対する信頼度や好感度向上という点では、安倍首相は大きく貢献してきた。「シンゾー・アベ」の名は、歴代首相と比較しても海外における認知度が高い。「三本の矢」は欧米社会において注目され、また「地球儀を俯瞰する外交」は、欧米、アジア、中東などにおいて力強くアピールしてきており、経済・外交・安全保障関係の深化・促進に努めている。

さらに、SNSを駆使した対外発信や「ジャパン・ハウス」を駆使した日本の多様な魅力の発信、さらにはクールジャパン戦略にも力を入れつつ、パブリック・ディプロマシー戦略にも尽力しているところである。

その効果を世論から測るとすれば、二〇一五年度前後の世論の推移に着目したい。たとえば、パブリック・ディプロマシーの主戦場であり、外務省も特に働きかけを重視している米国世論の対日信頼度は、一般の部で二〇一四年度から二年続けて最低を記録したが（七三％）、パブリック・ディプロマシーが展開された二〇一五年度以降の二年間で、一四％上昇した。有識者の部では二〇一八年度には九〇％となっている。

また、ASEAN地域からの対日信頼度は、欧米と比較しても群を抜いて高い。外務省の世論調査によると、直近の二〇一七年度は、「日本」が三〇％と最も高く、二位は「中国」（一四％）、三位は「米国」（一三％）となった（二〇一八年度は未実施）。

図7-1　米国における対日信頼度

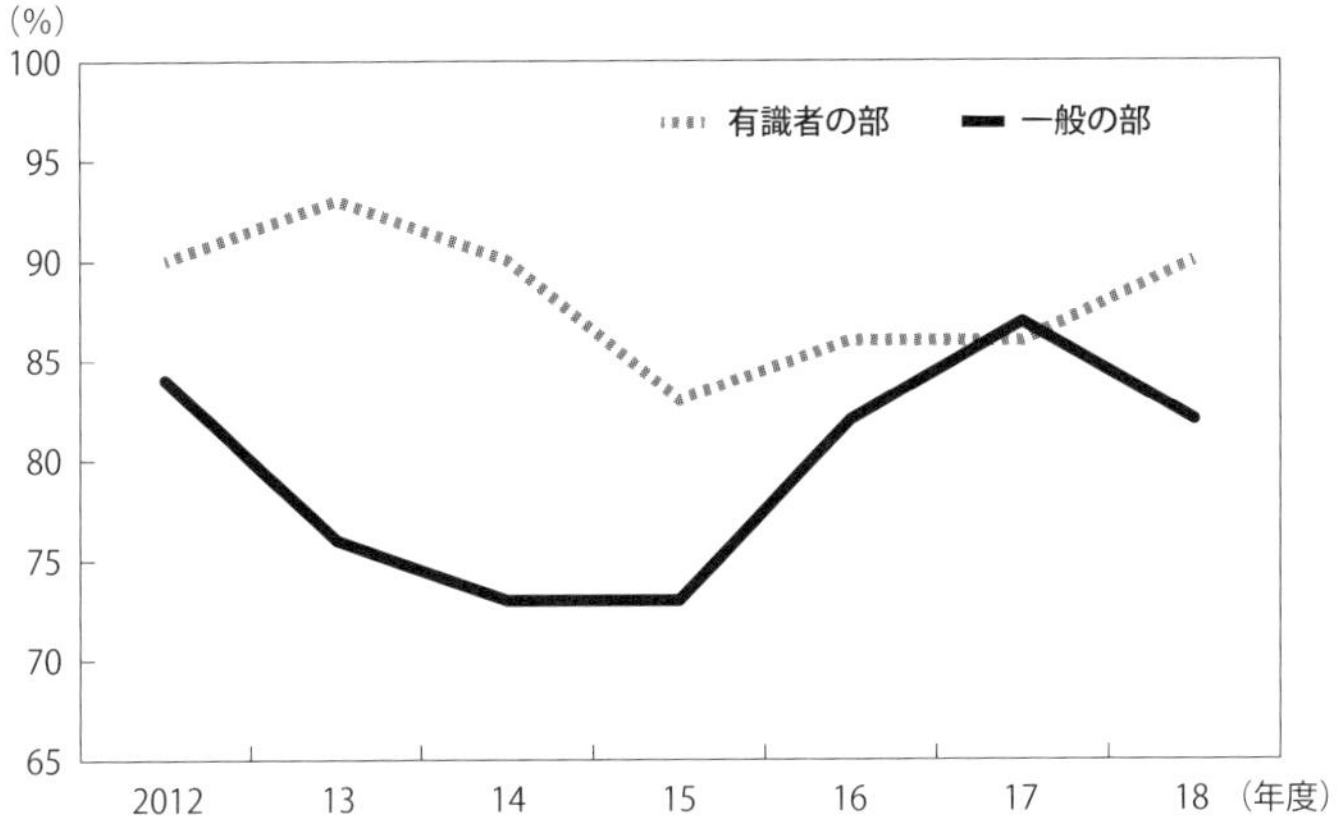

(出典) 外務省の世論調査結果を基に著者作成。

日本が信頼できるとした三〇%という値は、二〇一五年度より八ポイント増加しており、他国に対する信頼度が低下傾向にあるなかで、際立って日本の伸び率が高い。さらに、日本単独に対する信頼度に関しては、八四%が「信頼できる」と回答した。こうした対日世論の向上は、パブリック・ディプロマシーの一定の成果によるものと推察できる。

しかしながら、日本のパブリック・ディプロマシーの試みはまだまだ不十分ともいえる。たとえば『ニューヨーク・タイムズ』『ワシントン・ポスト』『ウォール・ストリート・ジャーナル』の日本に対するネガティブな報道は減っているものの、海外メディアの対日関心度は相対的に下がり続けているし、歴史認識をめぐる問題などの日本の動きに対しては、引き続き厳しく評価されている。

信頼とパートナーが必ずしもイコールではない

また、日本は、近年ではポップカルチャーや食を含め、「多様な魅力」という漠然としたソフトパワーが発揮しうる力を過度に頼みとした対外発信を行う傾向にあり、この点も不十分といわざるを得ない。たとえば、巨額の予算を投じて海外三拠点に設置した「ジャパン・ハウス」は、政権や外務省が多大な努力を払っているにもかかわらず、施設が設置されているロンドン、ロサンゼルス、サンパウロの現地をはじめ、海外の世論やメディアなどに見る認知度はまだ低く、展示企画や集客率についても改善の余地がある。経済産業省主管のクールジャパン戦略は、インバウンド目的としていることもあり、海外の世論の動向を重視し、ニーズがよく汲み取られた働きかけが十分に行えているとは言い難い。周辺国のパブリック・ディプロマシー戦略の推移や相手国のニーズ、さらには国際情勢を捉え、それを俊敏に政策に反映させせられるよう、柔軟性を担保したパブリック・ディプロマシーが求められる。

それでも日本国内には、「日本は信頼度が高いから」などと楽観視するかのような考え方が根強くある。それは、日本のソフトパワーの魅力や、国民性そのものに対する信頼度に起因するものでもある。しかし、それが外交・安全保障上、この認識がどこまで役に立つかには疑問符が付く。国際社会では、信頼とパートナーが必ずしもイコールではないからだ。パートナーとして選ばれるということは、パブリック・ディプロマシーの最終目標である、「対象国の世論を自国の味方に付ける」ということでもあるのだ。

実際、中国の存在感は注視しなければならない。米国においては、特に有識者の間で中国と日本のどちらをアジア地域のなかでのパートナーと見るかという世論は数年ごとで変動し、「日本」と「中国」が一位を争う状況が続いていた。最近では、一般の部および有識者の部の両者で「日本」が「中国」を上回る状況が続いているが、今後の趨勢については注目していくべきところである。

また、中国に対する信頼度が低いASEAN諸国において、「中国」を「重要なパートナー」と見なす世論は、二〇一五年度から四〇%代前半を維持しており、日本との差は四〜六%ほどと大差はない。欧州に関しては、「中国」が「日本」よりもパートナーとして選択される事態が続いている。中国のプレゼンスと影響力が格段に高まっていることがうかがえるのだ。

図7-2　米国にとってアジア地域のなかで最も重要なパートナーは？

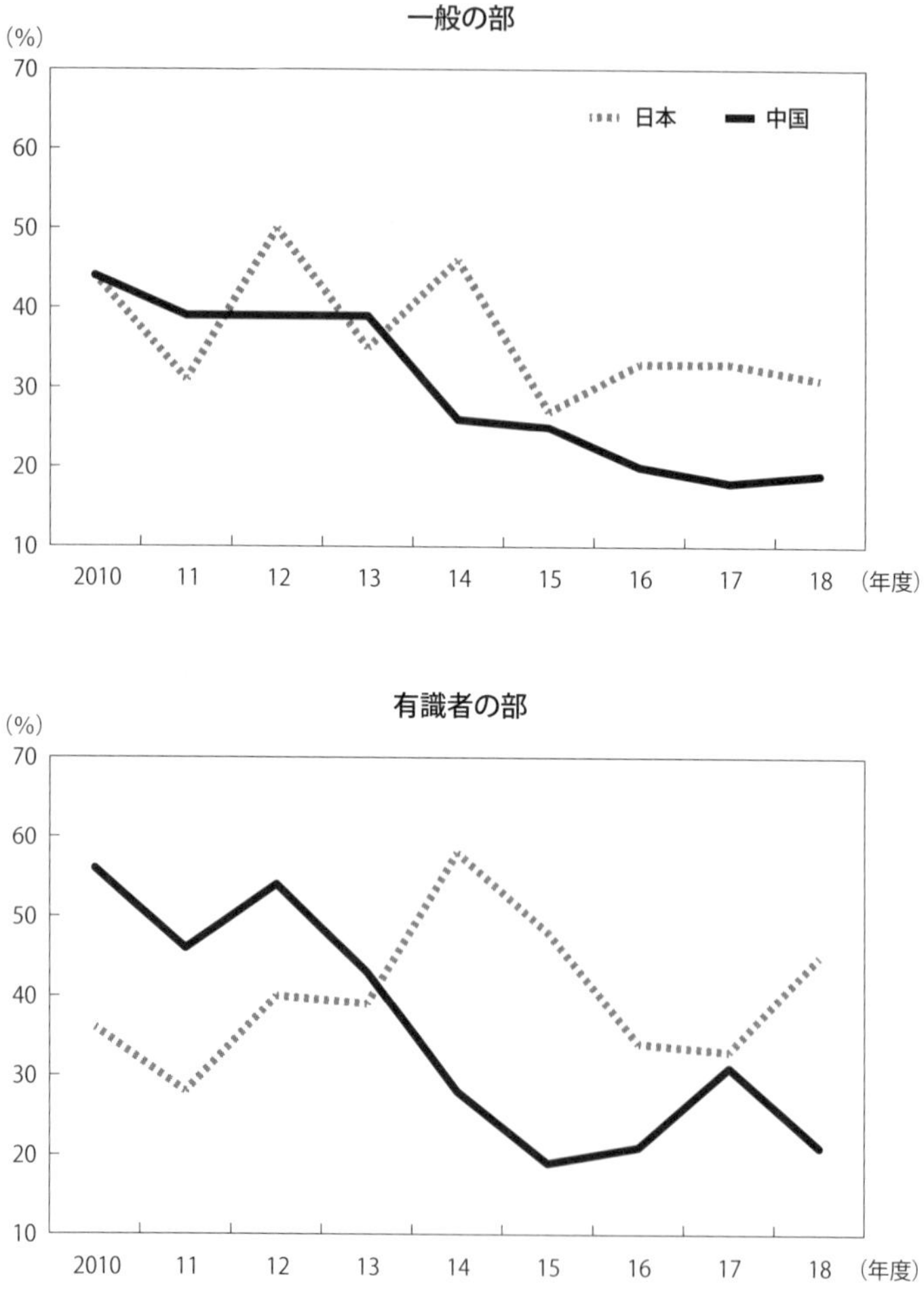

（出典）外務省の世論調査結果を基に著者作成。

日本と中国の間で揺れる国際世論は、今後どうなるか予断を許さない。中国のプレゼンスは、各国の政府レベルでも、市民レベルでもかなり大きい。中国は、日本のパブリック・ディプロマシーが競合する重大なアクターとなってきているといえよう。

ソフトパワーの過大評価は逆効果となる

パブリック・ディプロマシーは、自国のソフトパワーとそれを効果的に発信する技量に加え、内政、経済、他国との外交関係といった数多くの外的要因が、その効果に大きく影響する。こうしたさまざまな要因は相乗効果を生み、パブリック・ディプロマシーの効果が予想を超えて乱高下することもあるし、その戦略が結果としてなかなか実を結ばないこともある。

日本は数多くのソフトパワーを持ち合わせており、国際社会から高い信頼も得ている。これはパブリック・ディプロマシーを行使する上で十分なプラス要素であり、こうした条件に鑑みれば、日本は国際社会において有利な土俵に立っているともいえよう。

だが、世界にはいまだ、ソフトパワーだけで卓越した国や素晴らしいリーダーになったケースはない。また、ソフトパワーだけでテロや紛争を解決できるわけではない。そのため、ソフトパワーを過大評価すると、本当に必要な措置の妨げになり逆効果となる場合すらあるので、注意が必要である。**魅力などのソフトパワーが重要となる場合もあれば、時として、軍事力などのハードパワーを行使せざるを得ない場面にも直面する場合もあるため、外交には、この二つの組み合わせが求められるのである。**

特にソフトパワーを普及するには、パブリック・ディプロマシーという手法が適切であるが、その際に注意が必要なのが、自国のソフトパワーを過大評価することなく、発信の仕方も、独りよがりになってはならないということである。それを誤ると、実際には必要な措置の妨げになったり、プロパガンダと認識されて、かえって相手国の不信を高めたりする可能性すらあるからだ。

また、パブリック・ディプロマシーを行使する上でも、中国の活動を無視できなくなっている。日本のパブリック・ディプロマシーも、外交・安全保障問題にいかに寄与するか、具体的な方策を検討する必要があるだろう。

6　パブリック・ディプロマシーの本質

従来の対外発信を改めた背景

これまで述べてきたように、いずれの国においても、ソフトパワーが全能とされているわけではない。国際社会で政治戦が展開される今日では、単なるソフトパワーだけでは不十分であり、外交・安全保障との関連も重要となっている。そして、ソフトパワーを過度に頼みにし、単にそれを対外発信するだけの一方通行型の政策であってはならない。

日本が国際社会において、より多くの信頼を得て、友人やパートナーを増やすためには、日本の文化や考え方、価値観、そして経済、外交、安全保障を含むあらゆる政策に対して、国際社会からの広い支持を取り付けなくてはならないのだ。

そのためには、まず、日本のパブリック・ディプロマシーの本質について認識する必要があり、その大前提として、安倍政権が新たなパブリック・ディプロマシー戦略を必要とした背景について整理する必要がある。

日本が従来の対外発信を改めた背景を考えると、米国を主戦場として展開されていた、日本と中国・韓国の歴史をめぐる批判合戦があった。二〇一二年末に第二次安倍政権が発足した時点で、日中間では尖閣諸島をめぐる対立が激化しており、日韓間では慰安婦問題をめぐって関係が悪化していた。さらに米国などでは、中韓が連携して日本批判を試みる動きを見せていた。中韓両国は、「歴史修正主義を掲げる日本に非があり、安倍政権は国粋主義的だ」といった論調を用いて、米国内での宣伝に努めていた。この頃すでに、日本は、中国や韓国と首脳会談も開催できない状況となっていた。

こうした中韓の働きかけが功を奏したのか、米国の有力紙が安倍政策を次々に批判的に論じるといった事態にも発展した。安倍政権の村山談話見直しの動きや、一九九六年に国連人権委員会が慰安婦を「性奴隷」と結論付けた「クマラスワミ報告」の内容の一部撤回を求める動向など、一連の動きを通じて、日本は侵略の歴史や謝罪を否定しているのではないか、という一種の危機感のような論調が米国内に広がり、『ニューヨーク・タイムズ』や『ワシントン・ポスト』などは、これを極めて厳しい表現で論じ、安倍首相批判を行った。

さらには、米大手出版社、マグロウヒル社が発刊した米国公立高校向けの歴史教科書に、慰安婦問題について「軍の関与」「二〇万人」「強制連行」といった記述がされていたことに対し、日本総領事館を通じて行った訂正依頼・抗議について、米政府までもが難色を示し、「学問の自由を尊重する」などと、マグロウヒル社を擁護する立場をとっていた。

こうした動きを受け、第二次安倍政権が発足するや、日本政府内に、中国や韓国が歴史認識や領土問題などについて「誤った」宣伝をしているという危機感が増大し、日本の「正しい姿」を発信しなくてはいけないという考えが生まれていったのであった。

対外発信機能の強化までの政権の動き

パブリック・ディプロマシー強化までの政権の動きは次のとおりである。対外発信機能の強化は、自由民主党（自民党）の二〇一三年参議院選挙公約にも明記された。強靭で機動的な防衛力と安全保障体制の構築のため、領土・主権問題に関し、「法と事実に基づく日本の主張について、国内外に対する普及・啓発・広報活動」を積極的に行うとされた。

さらに、閣僚のみならず、有識者からも対外発信強化が要請された。参院選公約が発表された直後の二〇一三年七月二日、「領土・主権をめぐる内外発信に関する有識者懇談会」によって提出された報告書には、国際的に影響力や発信力のある第三者による英語での発信や、シンクタンク、研究者による発信の重要性が指摘された。特に、他国が海外においてシンクタンクの形をとった政府系研究機関などを組織化し、自国の主張を浸透させ、「世論戦」を展開していると指摘されている点については、名指しこそされていないものの中国や韓国の存在が意識されていたことを示唆するものである。

二〇一四年に入ると、国会において安倍内閣閣僚から、米国における中韓の動きを念頭に、対外発信強化を求める発言が相次いだ。たとえば、衆議院第一八六回国会予算委員会では、米国バージニア州議会でいわゆる「東海・日本海併記法案」が可決されたことや中国のメディア戦略が争点となり、日本の国際放送強化が要求された。

さらに同年一一月二五日に発表された自民党の衆院選公約でも、主権や領土に関して法と事実に基づく日本の主張について国内外で広報活動を行うことや、「虚偽に基づくいわれなき非難」に対して断固として反論すること、また、国際社会において「日本の名誉・国益を回復するため」に行動すること、そして日本の「正しい姿」や多様な魅力を世界に伝える拠点として「ジャパン・ハウス」を活用することなどが示された。

安倍政権下でのこれらの議論が共通して示すのは、安倍政権が、世界で活発化している世論戦や中韓による反日的な論調や働きかけを念頭に、領土や主権、歴史認識に関する日本の主張や考え方の発信強化の必要性を強調していることであり、これらが日本のパブリック・ディプロマシー強化の背景にあったということである。

日本が持つべき二つの視点

しかし、日本には決定的に欠けていた視点が二点ある。それは、**第一に、米中関係が世論戦から政治戦（ポリティカル・ウォーフェア）へと拡大しつつある時代の流れに対する視点である。**政治戦を考える際、今日の国際社会では、外交を取り巻く環境が大きく変化していることを認識する必要がある。特にソーシャルメディアの発展によって、あらゆる国の人々とのコミュニケーションが容易になったことで、情報やある国家に対するイメージなどが即時に伝達されるようになった。大戦期や冷戦初期に見られた、政府が情報をコントロールし固定的なイメージをつくり上げることができる時代ではなくなったのだ。

したがって、海外で自国のイメージや政策に対する支持を得るべく、政府が単純に莫大な予算をつけて情報を発信すれば効果が期待できる時代ではなくなったともいえる。

そして、パブリック・ディプロマシーの形態自体も変わりつつある。その主体が中国である。世界では、中国脅威論が増大しつつある一方で、経済的な関係などに鑑み、中国をパートナーとして重視する国際世論も多い。つまり、今日の国際環境は、軍事・安全保障上の理由とも相まって、国家間のハードパワー、ソフトパワー、そしてシャープパワーが複雑に絡み合う環境へと変化しており、かつて第一次世界大戦から冷戦までの間に展開され重視されていた政治戦への揺り戻しがはじまっているともいえよう。

そのため、中国や韓国を意識した日本の「正しい姿」に対する理解の普及活動ばかりでは、こうした変化にとても対応できなくなっていることが指摘できよう。日本は、米中両国が政治戦を展開するなかで、自らの国益を維持拡大するための戦略的発信を行わなければならないのである。

第二に、相手国の政策や世論の動向などに対する十分な理解や相手国の視点である。日本の望む姿の発信がいかに受け止められるかは、相手国の制度や政府の国内外での政策、そして世論において体現される。つまり、日本が善かれと思って発信することも、相手国の情勢や価値観次第では、かえって否定的に捉えられることもあるのだ。

特にメッセージの発信の仕方は工夫しなければならない。今日では、政府がパブリック・ディプロマシーの手段に大きく関与し過ぎると、それが相手国から政治宣伝、つまりは「プロパガンダ」であると受け止められる恐れがある。そうなると、パブリック・ディプロマシーはむしろ逆効果になってしまう。

日本の場合は、歴史認識をめぐる問題に関する発信には慎重さが必要となる。中国や韓国の主張や政策に対し、単に強硬に反論する形で主張を展開することや、日本の考える

「正しい姿」を一方通行に発信することの有用性については、再検討されることも必要であろう。特に慰安婦問題などは、米国をはじめとする欧米社会では、人権問題や女性の権利の問題など、現代の問題にもつながる問題として認識される傾向にあるため、単に歴史問題としてではなく現在の倫理観で議論されがちであるし、日本の反論も容易には受け入れられないのだ。日本が反論すれば、「日本は過去の反省を取り消し正当化しようとしているのか」と、たちまち非難や不信感が増大してしまう。

過去の日本の発信は、幾度も米国において逆効果となった。そもそも、何（誰）が「正しい」とか、何（誰）が「間違っている」という論調は、被害者であると主張する者が使用する場合に共感を得やすく、加害者と名指しされた者が使用すると反感を買いやすい。自国が正しい場合でも、それが歴史問題であっても、二一世紀の倫理観に基づいたイメージを考慮した議論が求められるということだ。

世界で政治戦が繰り広げられるなかで、日本が国際社会からの多くの支持を得ることは、外交を有利に進め、日本の国益に資する国際関係を構築するためにも重要である。そのためには、国際情勢や相手国の世論のニーズや社会の変化を敏感に察知し、それが柔軟に政策に反映されることが望まれる。

こうした政策に基づいて展開されるパブリック・ディプロマシーであってこそ効果が期

待できる。発信される内容が相手国にとって魅力的でなければ効果を期待することは難しく、また、それが間違っても政治宣伝であると受け止められることのないよう、その方途の工夫も必要である。日本に求められるのは、国際社会の動向や考えに立脚した視点であり、中長期的な観測と不断な分析なのである。

自らの強点を相手の弱点にぶつける

では、日本は、現代の政治戦をどのように概念化すべきだろうか。先に述べてきたように、日本は必ずしも政治戦を積極的に展開してきたわけではない。それどころか、ソフトパワーを用いたパブリック・ディプロマシーに注力しはじめたのも最近のことである。そのような日本が、米中に伍して全面的に政治戦を展開するのは難しい。

しかし今日の国際社会は、日本が政治戦から距離を置くことを許さない状況にある。米中両国が政治戦によって自らの優位を獲得しようとして、日本をはじめとする他国にも影響を及ぼしているからだ。さらに、ロシアがそこに影響を及ぼし、韓国なども日本非難の世論戦を繰り広げている。

このような複雑な状況にあって、日本は自らの国益を守るために政治戦に参加せざるを得ない。政治戦に習熟していない日本は、政治戦の競争戦略の側面をより強調して理解する必要があるだろう。現在の米中間の政治戦も、自らにとって有利な領域で戦おうとして、領域を拡大している。しかし日本は、その政治戦の能力を考えても、領域を拡大するのではなく、彼我の弱点と強点を分析して明確化し、自らの強点を相手の弱点にぶつけることができる点にターゲットを絞るべきである。領域を拡大せずに、自らの強点と相手の弱点を明確にするためには、データを用いた分析（ネット・アセスメント）が必要である。

米国の同盟国として日本が政治戦の目的とすべきは、自由、民主主義を標榜する国際秩序を維持することであろう。そのような国際秩序であってこそ、日本の経済的利益も担保される。その目的を実現するために第一に分析するのは、国際秩序を実力で変更しようとしているとして、米国が修正主義国家と呼ぶ中国の政治、経済、社会、外交、軍事・安全保障に関するデータである。同時に日本は、自らのデータを分析しなければならない。

これらデータは膨大である。しかし、自らの強点と相手の弱点に焦点をあわせた政治戦を展開しなければならない日本は、米国や中国以上に真剣にこうしたデータ分析を行わなければならない。省庁を横断するだけでなく、政界と学術界、産業界の垣根を越えてデータを収集しなければ、有効なデータ分析を実現することはできないだろう。こうした事業の実現は、政府の指導力にかかっている。

7　日本の未来はパブリック・ディプロマシーで決まる

安全保障抜きに国の未来は語れない

日本は、米中に比肩する大国ではない。そのため、自らの強点に資源を集中して影響力を高めなければならない。米国の安全保障戦略の考え方の一つである競争戦略（コンペティティブ・ストラテジー）をさらに研ぎ澄まさなければならないのだ。そのために、データを用いて彼我の強点弱点を分析する必要がある。しかし、自らの強点以外の領域を無視して良いわけではない。特に安全保障の問題は自国の存続にかかわる問題である。軍事力の使用が不得手な日本であっても、日本の安全保障環境への影響を理解し、これに適切に対応しなければならない。

しかし、他国を攻撃する能力を保持しない日本は、他国に対して威嚇的な軍事プレゼンスを示す能力を有していないし、また、示す必要もない。軍事プレゼンスは外交手段の一部であり、意思表示でもある。軍事・安全保障の領域における日本の重要性は、日本が自ら軍事行動を起こさなくとも示すことができるのだ。

日本は、自らの強点に資源を集中すべきだといいながら、対応しなければならない相手や領域が拡大しつつあり、これは資源に制約のある日本にとっては由々しき問題である。日本は、対応すべき相手や領域を絞り込み、その他の相手や領域に過大な資源を割かずに済むように外交を展開すべきなのだ。相手や領域を絞り込むためにも、コンペティティブ・ストラテジーに基づくデータ分析が不可欠なのである。

では、日本はどのように軍事・安全保障問題に対応すべきなのだろうか。日本には憲法をはじめとする法律などによって、軍事力の使用に大きな制限を受けている。装備面でも、攻撃的兵器の導入は認められず、防御的能力の構築に専念してきた。これを補完するのが日米安保条約であるともいえる。日米安保条約は、米国が一方的に日本を防衛することを約束するものではない。日米同盟は、日本が自らの防衛に責任を持ち、日本が能力を持たない攻撃の部分を米国に負担してもらうという相互補完的なものである。

また、それだけでは米国が日本を一方的に防衛する片務的な同盟であるかのように思われがちであり、トランプ大統領は、就任当初から日米同盟軽視を思わせるような表現も相次いで発している。米国から日米同盟関係の重要性に対する十分な理解を取り付けることが重要となり、ここで、対米パブリック・ディプロマシーが有効な手段の一つとなる。近年、米国有識者に限って見れば、日米同盟関係および日米安全保障条約の重要性に対する理解が深まってきている。

かつての米国世論は、日本を「不公平な貿易相手国」とする見方が強かったが、最近では最も重要な同盟国の一つとして好感を持って見られるようになった。特に二〇一五年度のパブリック・ディプロマシーの新戦略実施以降、「日米安全保障条約を維持すべき」と回答する有識者は、二〇一五年度の八四％から二〇一八年度の九五％まで上昇している。ただし、米国の一般市民はこれと逆の傾向にあることには注意が必要である。

パブリック・ディプロマシー展開以降、「日米安全保障条約を維持すべき」とする一般世論は二〇一五年度の八一％から二〇一八年度の六九％までポイントを落としており、今後は米国一般市民向けに、より踏み込んだパブリック・ディプロマシーが必要となる。日本に対する「好感度」だけに焦点を当てるのではなく、日本が重要なパートナーであると認識させるような働きかけが必要となるのだ。特にトランプ政権下の米国に対する働きかけでは注意が必要である。

安倍首相は、世界のどのリーダーよりも、トランプ大統領との関係構築において良い仕事をしているとする評価が米国有識者の間で持たれている。しかし、注意すべきは、トランプ大統領は予測不可能であり、ツイッター・ディプロマシーといった従来の常識から逸脱した戦略も展開していることである。現在の日米首脳同士の関係が良好と見られても、トランプ政権の下では、各国政府は大統領の発言に踊らされがちであり、良好な日米関係は単なる幻想に過ぎないかもしれない。そのため、米政府の意思決定に重要な役割を果たす米国一般世論に日米同盟の重要性について適切な形で訴えかけ、日本の味方につけておくことが必要であり、そのための手段としてパブリック・ディプロマシーが必要とされるわけである。

国家を挙げた政治戦を戦う覚悟を持て

その際、以下の点について米国政府および世論の理解を獲得する必要がある。まず、日本は米国に対して非常に有効なホスト・ネーション・サポート（受け入れ国による駐留支援）を行っているという点だ。米国の安全保障の基本は、世界中いかなる地域にも米軍を展開できることである。そのために、日本への駐留はなくてはならないのだ。さらに、日本ほど米軍が駐留するのに適した国はない。まず、政治的に非常に安定している。治安も良い。米国に対する感情も極めて良好だ。衛生面でも優秀であり、米軍人の生活だけでなく、水や食料の補給も心配がない。その上、日本の工業力（科学技術）は非常に高く、艦艇などの修理が非常に高いレベルで実施できる。

そして、駐留経費の多くを日本が賄っている。米国にとって、これほど使い勝手の良い駐留先はないだろう。ただ、それだけでは同盟国として不足である。同盟国は相互に防衛の義務を負う。同盟関係にあるいずれかの国が攻撃を受けた場合、ともに戦ってこその同盟なのだ。後方支援だけでは、米国も日本を対等な同盟国とは認めないだろう。

では、日本は米国の真の同盟国にはなれないのだろうか。そうではない。日本は、事態に応じて、軍事的にも米国の作戦を支援し、共同作戦を展開することができる。また、サイバー空間、宇宙、電磁波といった「新領域」において、平時から有事に至る広い範囲で共同する努力を続けている。問題は、そうした日本の貢献をいかに米国に認識させるかである。米国に必要な同盟国であると認識させてこそ、日本は、米国に対する発言権を得られ、独自の国益も追求できる。

現在の日本のパブリック・ディプロマシーは、政策広報をはじめ、文化交流、人物交流、そして「ジャパン・ハウス」といったソフトパワーを用いた、あらゆる魅力の発信が重要視されている。しかし、日米同盟の重要性や周辺環境の変化などに鑑みれば、今後は安全保障との関連も検討することが望ましい。

日本は、まず、自ら政治戦を戦う覚悟を持たなければならない。米中両国は、政治戦を展開し、両国が各国を巻き込んで、市場だけでなく、人権等の価値観でも、ネットワークや安全保障でも世界が二分化しようとしている。その状況は、日本社会が外交や安全保障について関心が低いままでいることを許さないだろう。日本は何を求めるのかのコンセンサスを取り、政治、経済、外交、安全保障の全ての領域で、一つの目的のために連携したオペレーションを展開する必要があるのだ。

そのために、関係省庁横断的な取り組みも模索され、より迅速かつ柔軟な方途を検討しなければならない。また、発信や人物交流の際には、あらゆるアクターや媒体を駆使し、国内外のシンクタンクやNGOといった民間団体などとも連携を取るなどし、よりきめ細かな働きかけが重要となろう。こうした国家を挙げたパブリック・ディプロマシーが、日本の政治戦の成否を左右するともいえるかもしれない。

おわりに

今日の米中対立はシャープパワーという言葉を生んだ。中国が米国に展開するソフトパワーがシャープパワーと見なされたのである。ソフトパワーとシャープパワーは、結局のところ表裏一体であり、それを行使する国が権威主義体制であるか否かによって、恣意的に区分されるものであるともいえる。一段と複雑になっている外交手段にも関係しているだろう。

米国では、中国が行使するパワーがシャープパワーであり脅威であると認識され、排除されている。中国のソフトパワーの代表格である孔子学院は相次いで閉鎖され、中国のメディア戦略はプロパガンダと呼ばれている。また、米国に拠点を置く各種の中国関連団体がスパイ活動を行っていると警戒されはじめている。このように、覇権をめぐる米中の攻防は、中国の世論工作排除から開始された。

しかし、中国のシャープパワーは、米国から、そして国際社会から姿を消したわけではない。その矛先を、米国社会から、欧州や東南アジア、開発途上国などの別地域に向けたに過ぎないのだ。さらに、米中攻防の場は、経済および安全保障の領域に拡大し、両国はそれぞれに他国の支持を得ようと外交を展開している。米国が中国のシャープパワーを排除した後に訪れたのは、米中の政治戦に巻き込まれ、各国が翻弄される世界である。各国は、米中対立が世界経済に影響を及ぼし、自国の経済を悪化させる可能性を懸念している。日本も米中政治戦に無関心であってはならない。

さらに日本は、より深刻な問題が加えられたことを理解しなければならない。安全保障問題だ。地政学的には米国と中国は太平洋をはさんで対峙し、日本はそのなかに存在することになる。米中ともに全面戦争を望んでいなくとも、不測の事態はいつでも起こりかねない。そして、軍事衝突がどのようにエスカレートするのか、予測することは困難である。

では、日本はどのように軍事・安全保障問題に対応すべきなのだろうか。日本には憲法をはじめとする法律などによって、軍事力の使用に大きな制限を受けている。装備面でも、攻撃的兵器の導入は認められず、防御的能力の構築に専念してきた。これを補完するのが日米安保条約であるが、これは米国が一方的に日本を防衛することを約束するものではない。日本が自らの防衛に責任を持ち、日本が能力を持たない攻撃の部分を米国に負担してもらうという相互補完的なものである。

ここで、対米パブリック・ディプロマシーが有効な手段の一つとなる。単に「好感度」や「信頼度」を上げるだけの働きかけではなく、日米同盟を重視するような方向へと導く働きかけが必要となる。ただし、ほとんどの米国一般世論は、日本の安全保障政策や軍事的貢献に対する関心がない。そうした中で日米同盟に対する米国社会からの理解を取り付けることはかなりの難題である。しかも、米国はパブリック・ディプロマシーの主戦場である。世界各国が自国を有利に導くための外交戦を繰り広げている。

世論への働きかけという作業は、人間の深層心理にも関係するため、劇的な経済の変化やスキャンダルなどがない限り、簡単に変化させられるものではない。他方、幸い、米国の若年層は、中国の台頭などの影響もあり、日本に関して学習する機会が増えている。こうした将来世代に対する日本教育や知日派育成といった取り組みは極めて重要であり、政府や教育機関などによって今後ますます促進されることが望まれる。

以心伝心は幻想にすぎない。モノを言わなければ伝わらないのは、個人間も国家間も同じである。日本が黙っていれば、日本の貢献を米国に認識させることはできない。世界に向けても同様である。米国にとって、世界にとって、日本こそ必要な国であり、パートナーであると認識させてこそ、日本は発言権を得られ、独自の国益も追求できる。

しかし、日本が、ただ自己主張しても米国に理解されるわけではない。米国の考え方を理解し、日米の思考過程の差異を認識しなければ、米国に納得させることはできないだろう。さらに、日本からの発信は、根拠に基づいたものでなければならない。データを用いた分析を基にしてこそ、客観性を保ち、論理的な議論とすることができるのである。

米中の大国間の競争が「米中新冷戦」として構造化する状況のなかで、日本が国益を守るために、安全保障とも関連した戦略的発信としてのパブリック・ディプロマシーが求められるゆえんである。

【参考文献・資料】

青山瑠妙「国際協調・国家利益・ナショナリズム」科学研究費助成事業研究成果報告書、二〇一五年九月一八日
――著、国際交流基金編『中国のパブリック・ディプロマシー』国際交流基金、二〇〇九年
井上一郎「米中関係の緊張と台湾問題」SPF China Observer、二〇一九年九月二四日
今泉慎也「パプアニューギニアの資源開発と慣習地」『アジ研ワールド・トレンド』日本貿易振興機構アジア経済研究所、第二四四巻、二〇一六年
小原凡司『中国の軍事戦略』東洋経済新報社、二〇一四年
外務省「海外における対日世論調査」
金子将史・北野充編著『パブリック・ディプロマシー』PHP研究所、二〇〇七年
――編著『パブリック・ディプロマシー戦略』PHP研究所、二〇一四年
黒崎岳大「太平洋島嶼国からみた中国の太平洋進出」『パシフィックウェイ』一般社団法人太平洋協会、第一四〇号、二〇一二年
栗原響子「世界で火花を散らすパブリック・ディプロマシーという戦い」WEDGE Infinity
古森義久『中・韓「反日ロビー」の実像』PHP研究所、二〇一三年
――「慰安婦問題で日本政府反撃」Japan In-depth、二〇一五年一月一九日
佐藤卓己・渡辺靖・柴内康文編『ソフト・パワーのメディア文化政策』新曜社、二〇一二年
ジョセフ・S・ナイ『ソフト・パワー』山岡洋一訳、日本経済新聞出版社、二〇〇四年

フィリップ・ハイマンス「カンボジアの一党独裁を背後で操る中国マネー」『ニューズウィーク日本版』二〇一八年八月二一日号
防衛省『令和元年版防衛白書』日経印刷、二〇一九年
細谷雄一『国際秩序』中央公論新社、二〇一二年
八塚正晃「中国の太平洋島嶼国への進出と『一帯一路』構想」『防衛研究所ＮＩＤＳコメンタリー』第七三号、二〇一八年
領土・主権をめぐる内外発信に関する有識者懇談会「戦略的発信の強化に向けて」二〇一三年七月二日
雷紫雯「グローバル時代における中国の対外宣伝戦略に関する考察」『国際広報メディア・観光学ジャーナル』第一八巻、二〇一四年
渡辺靖『文化と外交』中央公論新社、二〇一一年
Ｅ・Ｈ・カー『危機の二十年』原彬久訳、岩波書店、二〇一一年
新華社「在慶祝中華人民共和国成立七〇周年大会上的講話」二〇一九年一〇月一日
中華人民共和国国防部『中国国防白書二〇一五』二〇一五年
中華人民共和国国務院『中国製造二〇二五』二〇一五年
中華人民共和国国務院『新一代人工知能発展規劃的通知』二〇一七年
中華人民共和国国務院新聞弁公室『中国国防白書二〇一九』二〇一九年
Ethan Meick, et al., "China's Engagement in the Pacific Islands," U.S.-China Economic and Security Review Commission, June 14, 2018
IISS, *The Military Balance 2019*, Routledge, 2019

Ingrid d'Hooghe, *China's Public Diplomacy*, Martinus Nijhoff, 2014
Louisa Lim and Julia Bergin, "Inside China's audacious global propaganda campaign," *The Guardian*, December 7, 2018
National Endowment for Democracy, "Sharp Power," December 5, 2017
Robert Bedeski and Niklas Swanstrom, *Eurasia's Ascent in Energy and Geopolitics*, Routledge, 2012
Samantha Custer, et al., "Ties That Bind," AidData, July 27, 2018
Terry Branstad, "Responding to China's ad in the Des Moines Resister, Trump's ambassador calls out China," *Des Moines Register*, October 3, 2018
The Department of Defense, *Nuclear Posture Review*, 2018
The Department of Defense, *Summary of the 2018 National Defense Strategy of the United States of America*, 2018
The Department of Defense, *Annual Report to Congress*, 2019
The Department of Defense, *Indo-Pacific Strategy Report*, 2019
The White House, *National Security Strategy of the United States of America*, 2017
Thomas G. Mahnken, *Competitive Strategies for the 21st Century*, Stanford University Press, 2012
Thomas G. Mahnken, et al., "Countering Comprehensive Coercion," CSBA, May 30, 2018
Xin Xin, *How the Market is Changing China's News*, Lexington Books, 2012

その他、各新聞・雑誌報道、各政府公表資料、各研究機関のレポートなどを参考にした。

【著者紹介】
小原凡司（おはら　ぼんじ）
各種メディアで情報発信している安全保障、中国の軍事問題の専門家。1985年防衛大学校卒業、1998年筑波大学大学院修了。1985年海上自衛隊入隊後、回転翼操縦士として勤務。2003～06年駐中国防衛駐在官。2006年防衛省海上幕僚監部情報班長、2009年第21航空隊司令、2011年IHS Jane'sアナリスト兼ビジネス・デベロップメント・マネージャー、2013年東京財団研究員を経て、2017年から笹川平和財団上席研究員。著書に、『中国の軍事戦略』（東洋経済新報社）、『世界を威嚇する軍事大国・中国の正体』（徳間書店）、『何が戦争を止めるのか』（ディスカヴァー・トゥエンティワン）、『曲がり角に立つ中国』（共著、NTT出版）などがある。

桒原響子（くわはら　きょうこ）
パブリック・ディプロマシーなど、各国の戦略的発信を中心とした外交戦略を専門にする新進気鋭の研究者。2012年米国ウエストバージニア大学で国際政治学や通訳・翻訳などを学び、2017年大阪大学大学院国際公共政策研究科修士課程修了。笹川平和財団研究員、外務省大臣官房戦略的対外発信拠点室外務事務官などを経て、2019年から未来工学研究所研究員、日本国際問題研究所研究員、京都大学レジリエンス実践ユニット特任助教。

AFTER SHARP POWER（アフター・シャープパワー）
米中新冷戦の幕開け

2019年12月19日発行

著　者——小原凡司・桒原響子
発行者——駒橋憲一
発行所——東洋経済新報社
〒103-8345　東京都中央区日本橋本石町 1-2-1
電話＝東洋経済コールセンター　03(6386)1040
https://toyokeizai.net/

装　丁……………鈴木正道（Suzuki Design）
D T P……………アイランドコレクション
印刷・製本………丸井工文社
編集担当…………水野一誠

Printed in Japan　ISBN 978-4-492-44455-9